KB244387
KB244387

the **Grab** 그랩

초판 1쇄 찍는 날 · 2006년 2월 8일 | 초판 1쇄 펴낸 날 · 2006년 2월 13일

지은이 · 김경헌 | **펴낸이** · 김승태

편집장 · 김은주 | **편집** · 박지영, 최문주, 윤구영 | **디자인** · 이승희, 김세라, 김연정 | **제작** · 한정수
영업본부장 · 오상섭 | **영업** · 변미영, 장완철 | **홍보** · 주진호
드림빌더스 · 고정원, 홍지영 | **물류** · 조용환, 송승철

등록번호 · 제2-1349호(1992. 3. 31.) | **펴낸 곳** · 예영커뮤니케이션
주소 · (110-616) 서울 광화문우체국 사서함 1661호 | **홈페이지** www.jeyoung.com
출판유통사업부 · T. (02)766-7912 F. (02)766-8934 e-mail: jeyoungsales@chol.com
출판사업부 · T. (02)766-8931 F. (02)766-8934 e-mail: jeyoungedit@chol.com

copyright ⓒ 2006, 김경헌

ISBN 89-8350-383-1 (03230)

값 9,000원

김경헌

당신에게 드립니다.

오늘도 하나님의 손에 붙들려 살아가는
이 땅의 모든 젊은이들에게 이 책을 바칩니다.

특별히 이 책을 천국에 먼저 가신 아버지께 드립니다.
당신과의 약속 이렇게 지켜가고 있습니다.
아버지 존경하고 사랑합니다.

마지막으로
이 책의 시작과 끝을 주관하시는
우리 성령 하나님께 모든 영광 올려 드립니다.

오직 주님만 홀로 영광 받으소서.

우리가 사는 세상은 많은 문제를 안고 살고 있다. 변화되어야만 하는 세상 이다. 설명하고 말하지 않아도 많은 문제가 있다는 것을 우리는 알고 있다. 우리는 이러한 세상의 변화를 위해 기도한다. 부흥이 일어남으로 세상이 바꾸어지길 소원하며 기도힌다. 그런데 하나님께서는 믿는 우리에게 이러한 세상을 변화시킬 비전을 주셨다. 우리가 변화시켜야 한다는 것이다. 세상에 가서 지도자가 되어서 하나님의 말씀으로 가르쳐서 영향력을 가지고 세상을 변화시키라는 것이다.

역사학자 아널드 토인비는 한 나라의 발전은 다수의 의견에 있는 것이 아니라 창조적인 소수(Creative Minority)에 있다고 말했다. 창조적인 소수란 헌신 된 소수를 말하며 영향력 있는 지도자를 말한다. 하나님을 믿는다고 말하는 우리가 이러한 지도자가 되어서 세상의 변화를 주도해야 한다. 이러한 결단을 가진 사람들이 지도자들이다.

지도자가 되어 세상을 변화시키고자 하는 사람들을 위한 귀한 책을 추천하게 되어 기쁘다. 세상을 변화시키기 위해서는 사명이 있어야 한다. 믿음이 있어야 한다. 말씀과 기도로 준비되고 훈련된 영성이 있어야 한다. 이러한 준비를 위한 귀한 믿음의 고백들이 책 안에 담겨져 있다.

귀한 청년의 고백과 메시지를 통해 읽는 모든 사람들이 은혜를 받고 도전을 받기를 원한다. 특별히 10대와 20대 청년들에게 적극적으로 추천한다.

– 유스미션 원베네딕트 선교사

난 꿈을 꾼다. 우리의 청소년, 청년들이 "세상적인 꿈보다 세계적인 꿈"을 꾸길 원한다. 그리고 "세상적인 인물보다 세계적인 인물"이 되기를 원한다.

여기 세상적인 꿈보다 세계적인 꿈을 꾸는 청년이 있다. 난 우리 경헌이가 어려서부터 자라는 것을 보았다. 아버지가 돌아가시고 나서 외롭고 힘든 시기를 어떻게 보냈는지 안다. 그 시기를 어떻게 극복하는 지를 보았다. 하나님께서 자신의 꿈을 우리 경헌이에게 주시지 않았다면 분명 방황했을 것이다. 그러나 우리 경헌이는 하나님께서 주신 꿈을 가지고 백신고에 기도동아리를 만들어서 100명이 넘게 부흥하는 것을 보았고, 청소년 찬양단 리더가 되어 청소년 교회에 찬양을 살려 내는 것을 보았다. 앞으로 어떻게 쓰실지 기대가 된다. 이 책을 통해 하나님께서 한 청년을 어떻게 사역자로 삼으시고, 세계적인 꿈을 꾸게 하시는 지를 보게 될 것이다.

청소년, 청년들 안에는 거인들이 잠들어 있다. 하나님께서는 그 거인들이 깨어나길 원하신다. 이 책을 든 모든 사람들 안에 거인들이 깨어나 세계적인 인물들이 되길 원한다.

– 한소망교회 유영모 담임목사

『**the Grab**』은 김경헌의 신 추구의 기록이다. 그의 신 추구는 아버님의갑작스런 죽음으로 더욱 치열해지고 캠퍼스에서의 신앙생활과 연결된다.

김경헌은 열정의 사람이다. 그의 열정은 아버님의 갑작스런 죽음, 자존심의 키를 낮추어야만 했던 대학입시. 거절된 사랑의 고백 등을 연료로 사용하고 있다. 이상과 현실의 차이를 신앙의 열정으로 채우려는 필자의 노력이 눈물겹다. 고통이 있을수록 더욱 타오르는 그의 열정은 식을 줄 모르는 하나님의 사랑을 전제하고 있다.

– 건국대학교 최명덕 교수

예, 나는 당신의 종입니다!
(Yes, I'm Your Servant!)

당신은 나를 부르셨습니다.
나는 그 부르심에 응답하여 나아갔습니다.
오직 주 계신 곳 바라며 달려갔습니다.

난 높은 곳으로 올라가려 했지만,
당신은 그곳에 계시지 않았습니다.
이 세상 어느 곳보다 더 낮은 곳에 계셨습니다.

당신을 향한 그 좁고 험한 길,
그 길을 걸으며 난 죽어져 갔습니다.

이제 나는 이 세상에 없습니다.
내 안에 사는 것은 내가 아닙니다.
오직 당신의 이름뿐입니다.
그래서 난 행복합니다.

이제 당신이 부족한 나를 일으켜 세우십니다.
내가 심히 두렵고 떨리나이다.

그러나
나는 당신의 종임을 기억하겠습니다.
그 영광스런 신분을 잊지 않겠습니다.

차례

먼저 당신에게 묻습니다.

처음 이 책을 손에 들었을 때, 어떤 느낌이 드셨습니까?

그리고 다음 두 가지 반응 중 당신은 어느 것에 더 가까웠습니까?

1. 제목과 표지를 딱 보니 느낌은 그냥, 어느 젊은이의 이야기인가보다 싶었습니다. 앞뒤를 살피다 저자의 약력을 살펴보았습니다. 처음 본 이름에다가 일반 대학생이었습니다. 조금 실망이었습니다. 적어도 내 시선을 잡아끌 만한 타이틀 하나는 있을까 기대했는데 말이죠. 대충 책을 훑어보았습니다. 젊은 나이에 용기 있단 생각은 들지만 무명인이 쓴 이 자서전을 다 읽을 자신은 없었습니다. 그래서 지금 내게 필요한 가르침이 담긴 저명인사의 책을 찾으러 갑니다.

2. 나는 원래 꿈에 대한 이야기를 좋아합니다. 그런데 마침 그런 책을 찾은 것 같아 반갑네요. 저자 소개란을 보니 평범한 학생이긴 하지만 보통 젊은이들과는 좀 다른 것 같군요. 세계선교를 향한 비전, 이 시대의 부흥을 꿈꾸는 이 청년이 참 멋져 보입니다. 젊은 나이에 무슨 할 얘기

가 그리도 많을까 싶어 책장을 넘겨봅니다. 하나님이 그를 부르시고 깨뜨리시며 세우시기까지의 과정이 적혀있더군요. 얼핏 봤는데도 정말 주님의 손길이 느껴집니다. 뒤편에는 우리 청소년을 향한 메시지도 있네요. 갑자기 궁금해집니다. 한번 잘 읽어봐야겠습니다. 때로는 '이렇게 살아라!' 하는 유명인물의 이론서적보다 어느 한 사람의 삶을 통해 받는 감동과 도전이 제 삶에 더 큰 변화를 가져다주거든요.

사실 전 조금 두렵습니다.
사람들이 첫 번째 반응을 보일까봐 말입니다.
그러나 두 번째 반응이 더욱 많을 것이라고 확신합니다.

아직도 많은 크리스천들이
"크리스천 엘리트주의"에 속고 있는 것 같습니다.
하나님께 크게 쓰임받기 위하여
세상에서도 최고가 되어야 한다는 것입니다.
틀린 말은 아닙니다.
그러나 그것이 전부는 아니라는 걸 말씀드리고 싶습니다.

하나님이 진정 원하시는 사람은 평범한 사람입니다.
그분은 잘나고 똑똑한 "Elite"가 아닌,
무릎 꿇어 엎드리는 "Servant"를 찾으십니다.
주의 부르심에 응답하여 그 사명에 충성하는 사람—
바로 예수님과 같은 '순종의 사람'을 강하게 붙드십니다.

주님은 이 마지막 시간에
모든 육체 가운데 당신의 영을 부어주신다 약속하셨습니다.
따라서 이제 그분의 역사를 이루어 갈 주인공은
Elite가 아닌, Servant입니다.
바로, 주님 앞에 순종하는 여러분 모두입니다.

저는 특별히 그 중심에 우리 청소년들이 서리라 생각합니다.
그래서 저는 이렇게 제 삶의 이야기를 꺼내놓으려 합니다.
크리스천 후배들이 어떻게 십대시절을 보내야 하는지.
대학입시, 어떻게 그 족쇄 같은 굴레에서 벗어나
하나님의 꿈과 비전을 향해 도전하며 살 수 있는지.
지금 이 시대에 한국의 젊은이들이 걸어가야 할 방향과 그 길ㅡ
그리고 이 땅 가운데 품으신 하나님의 뜻을 함께 나누고자 합니다.

그리하여 새로운 꿈을 꾸게 된
타오르는 열정의 젊은 세대들과 함께
다가올 세계 대 부흥의 주인공이 되고 싶습니다.
저는 그 사명을 위해 이 책을 썼습니다.
이 꿈을 위해 지난 5년간 기다리며 준비했습니다.

끝으로ㅡ
보잘 것 없는 이 작은 책을 통하여
당신도 나와 같이 Servant의 삶으로 부르시는
하나님의 음성을 듣게 되시기를 진심으로 기도합니다.

우리는 사람을 쉽게 판단하는 경향이 있다. 길거리를 지나는 사람이나 사진 속 인물을 보고 '멋있다 예쁘다 혹은 못생겼다' 라고 즉각 말해버린다. 사람을 한눈에 평가하는 것이다. 미적 판단이 자기 눈의 만족 여하에 달려있다. 깊은 내면보다 일순간의 느낌이 더 중요해졌다.

그래서 많은 이들이 자신의 모습을 한번에 다 보여줄 수 있다고 믿는다. 이 시대의 문화코드가 되어 버린 '얼짱' 이란 단어등장과 '명품' 이란 유행풍속은 마치 그런 흐름 앞에 당연한 현상 같아 보인다.

우리 크리스천 청소년들도 크게 다르지 않은 것 같다. 한눈에 모든 것을 판단하려 든다. 그래서 진정한 내면의 미보다 외모치장에 더 신경을 쓴다. 진실한 아름다움의 가치를 모른 채, 영원히 변치 않을 것보다 금방 사라질 헛된 것에 목숨을 건다.

이는 단순히 외모 지상주의라든지 물품사치 문제로만 그치는 것이 아니다. '자아정체성 혼란' 이라는 영적인 문제로 깊숙히 들어가야 한다. 즉 나를 향한 세상의 시선과 자기 판단이 실제 내 모습인 줄로 생각한다는 데에 있다. 그리고 이를 끊임없이 추구한다는 데에 있다. 그러나 이것은 굉장한 착각이다.

　　우리 하나님은 다르다.

　　"나의 보는 것은 사람과 같지 아니하니 사람은 외모를 보거니와 나 여호와
는 중심을 보느니라."

　　그분은 그 누구보다 우리를 더 잘 알고 계신다. 인간은 결코 볼 수
없는 내면의 모든 부분들을 두루 살펴보신다. 우리들은 얼굴과 몸
매, 그리고 패션스타일을 보지만 그분은 절대 그런 보이는 것들로
판단하지 않으신다. 오히려 보이는 것으로는 결코 그 값을 따질 수
없다고 말씀하신다.

　　"너는 나의 아들/딸이고 나는 네 아버지이다. 내가 너를 흙으로 지었고 모태
로부터 너를 창조했노라. 태초부터 너를 알았고 지금도 지켜 보호하고 있으며
영원토록 내 사랑으로 널 안아 줄 것이다. 너는 내게 아주 소중한 존재이다. 나
는 너를 다른 사람들과 절대 비교하지 않는다. 난 너의 모습 그 자체를 내가 만
든 최고의 작품으로서 아끼고 사랑한단다."

　　이것이 바로 우리의 진짜 모습이다. 진정한 존재가치는 오직 하
나님의 눈동자에 비친 그 형상으로 매겨진다. 크리스천이라면 이를
분명히 깨달아야 한다. 그리고 이젠 달라져야 한다.

　　난 우리 청소년들이 하나님 앞에 '아름다운 사람'이었으면 좋겠
다. 사람들의 기준이나 세상의 판단에서 벗어나 진리의 말씀 앞에서
바로 서려는 열정과 노력이 있었으면 좋겠다. 사람들보다 하나님 앞

에 잘 보이려는 욕심이 먼저 있었으면 좋겠다. 외적인 멋을 추구하기에 앞서 하나님의 말씀을 따라 살려는 삶의 자세가 항상 선행되었으면 좋겠다. 그리하여 이 책을 읽는 모든 청소년들이 하나님께서 아름답다, 보시기에 좋았더라 칭찬하시는 사람들이 되었으면 하는 마음이 간절하다.

나는 여기서 우리 청소년들에게 하나의 아름다운 인생 모델을 소개하고 싶다. 바로 **"하나님 손에 붙들린 Servant"**이다.

끊임없이 진리를 찾고 구하여 그 말씀의 길을 걷는 사람, 그 안에서 하나님이 주시는 꿈과 비전을 향하여 힘들고 어려워도 그 약속을 붙들고 인내하며 나아가는 사람. 난 하나님이 나를 이같이 보셨으리라 믿는다. 그리고 '참 아름답다' 말씀하시며 흐뭇하셨으리라.

나는 지난 내 경험들이 단순히 나만을 위한 사건과 깨달음이라 생각지 않는다. 책 출간이라는 꿈을 주신 하나님이, 그리고 내 삶을 온전히 당신의 뜻으로만 이끄신 주님께서, 나의 이야기를 통하여 보다 많은 사람들에게 말씀하신다고 믿는다. 그리고 이제 곧 당신도 '붙들린 자'가 되리라 기대한다. 아니 적어도 그런 사람이 되고자 하는 열망에 사로잡히리라 확신한다.

Part 01

Servant, 그 삶의 이야기

제1장

The Attention
그분이 나를 눈여겨보시다

나는 이런 책을 펴낼 만큼 대단한 사람이 결코 아니다.
오히려 지극히 평범한 사람 중에 한 사람이다.
적어도 내 주변 사람들이 보는 나는 그랬다.

.

.

그러나 그분만은 나를 다르게 보셨다.
그분을 향한 내 마음의 중심을 보시고는
나를 눈여겨보셨으며 참 아름답다 하셨다.

.

이 장은 그분이 나의 무엇을 보셨는지 묵상하면서 쓴 글이다.
당신은 왜 이렇게 부족한 자를 부르셨습니까.
왜 이렇게 나약한 자를 세우십니까.
그분께 드리는 이 끊임없는 질문 속에서 말이다.

어릴 적 나의 꿈

초등학교 4학년 때까지 내 꿈은 발명가였다. 자잘한 호기심이 많았던 나는 에디슨 같은 인물이 될 수 있다고 믿었다. 그러나 그 꿈은 오래가지 않았다. 탐험가, 화가에서 운동선수 그리고 바둑기사까지, 내 꿈은 키가 자랄 때마다 달라졌다. 앞으로 난 어떤 사람이 될까? 나는 늘 이런 진지한 고민을 하며 어린 시절을 보냈다. 생각해 보면 그때 난 제법 성숙했던 것 같다. 어린 나이에도 오락, 만화 등에는 별 관심이 없었다. 그렇다고 공부만 했던 학구파도 아니었다. 그저 나를 꽉 붙들어 줄 꿈을 찾고 싶었다. 평범한 삶은 죽기보다 싫었다.

그러던 중학교 2학년 때 '음악'이 나를 사로잡았다. 흑인음악, 그 중에서도 힙합(HipHop)과 랩(Rap)음악을 좋아했다. 비트에 맞춰 리듬을 타고 내 안의 생각들을 자유롭게 표출하는 힙합의 마력에서 난 쉽게 헤어나질 못했다. 내 나이 16살, 세계 최고의 음악가가 되기 위해선 누구보다 앞서가야 했다. 늦었다는 절박감이 들었지만, 반대로 지금부터라도 잘 준비해나간다면 충분히 할 수 있을 것 같다는 자신감도 들었다. 뮤지션이 되려면 악기연주는 기본이고 작사, 작곡 및 편곡에 능해야 한다고 누군가 그랬다. 그래서 기타를 배우려고 학원을 다니려는 데 때마침 큰누나가 나를 말렸다.

"학원 다닐 필요가 뭐 있니? 그냥 교회 찬양단 형한테 가르쳐달라고 하면 되지!"

음악은 내 전부

부끄러웠다. 사실 그때까지만 해도 난 툭하면 예배에 늦거나 빠지는 불성실한 교회 신자였기 때문이다. 그러나 뮤지션이라는 꿈을 위해서라면 무엇이든지 하고 싶었다. 결국 난 교회 찬양단에 들어갔다.

예상외로 난 적응을 잘했다. 아니 누구보다도 열심히 교회 생활을 했다. 중3이 되었을 때엔 중등부 총무가 되어 교회 봉사에 더욱 힘썼다. 물론 내가 힙합음악에 열중했던 것 만큼은 아니었지만 말이다.

누가 뭐래도 내 중심은 힙합에 있었다. 내 삶의 전부인 음악! 이 꿈을 위해서 아무리 비싼 수입음반도 꼭 구입하고야 말았고 MIDI (컴퓨터 음악)와 악기 연주법에 대해서도 공부해 나갔다. 뿐만 아니다. 훗날 작사를 하는데 도움이 될까 싶어 일기쓰기를 시작했고 음악에 관련된 독서를 취미 삼기도 했다. 오로지 음악 하나에만 내 모든 열정을 다 바쳤다.

고등학교 1학년 학교축제 때에는 친구들 앞에서 자작 랩을 선보였고 쉬는 시간마다 복도에서 프리스타일 랩을 하곤 했다. 또 학교 밖에서는 PC통신 힙합동호회 사람들과 어울리며 소규모 랩 공연을 하기도 했다.

그런데 교회 찬양단을 하면서 내 안에 없던 신앙이 자라나기 시작했다. ‘하나님의 영광’을 위해서 음악을 하고 싶다는 기도를 하게 되었다. 이 때부터 대중음악을 통해 예수님을 증거하는 것이 내 사

명이 되었다. 물론 단시간 내에 이루어진 것은 아니었다. 오랜 시간
하나님이란 존재에 대한 끊임없는 의심과 확신의 사이클 끝에 어렵
게 얻은 결론이었다.

꿈꾸는 자에게 기회는 온다

나는 누구이며 이 땅에 사는 목적은 무엇인가. 내가 앞으로 나아가야 할 목표와 방향은 어디인가. 또 이를 위해 지금 내가 해야 할 일은 무엇인가. 난 이 물음들을 신앙 안에서 모두 발견할 수 있었다. 그리고 내 삶의 중심은 더 이상 '내'가 아니었다. 이제는 그분이 다스리며 만들어 가시는 '그분의 세계'가 되었다. 그리고 나는 그저 그분의 존귀한 아들이자 백성이며 또 제자이자 종이었다. 이렇게 절대자 앞에서의 내 정체성에 대한 확고한 인식은 곧 내 삶의 본질에 대한 깨달음으로 이어졌다. 내가 존재하는 이유도 살아가야 할 이유도 오직 그분의 영광을 위함이라는 그 위대한 진리 말이다.

이를 깨달은 고1때, 난 더 붙잡아야 할 것들을 붙잡기로 했다. 하나님께로 더 가까이 나아가 진리의 삶을 살고자 하는 '도전'과 그분이 주신 음악적 달란트로 그분께 영광 돌리고 싶은 '열정'이 바로 그것이었다. 그래서 난 신앙심과 음악성, 이 두 가지를 한번에 업그레이드(?) 시킬 수 있는 방법까지 스스로 터득했다. 예를 들면 리듬을 타면서 성경을 읽는다거나 랩으로 찬양하고 기도하는 방식. 독서를 하더라도 되도록 신앙서적을 택하여 읽었다.

그런데 점점 내 안에선 음악보다 하나님에 대한 관심이 더욱 커졌다. 또 그에 따른 거룩한 질투심이 솟아났다. 성경인물 혹은 신앙작가와 같이 영적으로 성숙한 사람이 되고 싶은 마음, 아니 그들보다 더 크게 쓰임 받는 사람이 되리라는 새로운 도전이 나를 강력히

사로잡은 것이다.

그리하여 내 꿈은 또다시 수정궤도를 탔다. 그리스도께 내 모든 삶을 헌신하겠다고 서원한 후에 이제 난 찬양사역자, 그 길을 걷겠노라 결단했다.

그러던 고1 여름방학, 친구로부터 뜻밖의 전화를 받았다. 청소년 CCM그룹을 기획하시는 어떤 분으로부터 랩 잘하는 남자아이의 소개를 부탁받았고 그 순간 내가 생각나서 연락했다는 것이다.

"오 하나님! 기도가 이렇게 빨리 응답되다니! 주님, 정말 감사합니다."

며칠 후, 내가 만든 데모 테이프를 들으신 선생님은 내 가능성을 보시고 또 다른 여자 멤버 두 명을 찾아 함께 청소년 CCM그룹을 시작해 보자고 하셨다.

한동안 잠을 못 잤다. '내가 음반을 낸다고? 나도 가수가 되는 거야?' 내 기도를 들으신 주님께 영광 돌릴 수 있다는 점은 물론이거니와, 친구들에게 내가 발견하고 붙잡은 진리를 함께 나눌 수 있다는 사실, 또 청소년 가수라는 이름으로 얻게 될 많은 부러움과 인기는 더욱 더 나를 들뜨게 만들었다.

2000년, 다시 힘찬 발걸음을 내딛은 새날. 청소년교회(중고등부) 학생회장이라는 부담스러운 직분을 얻게 됐다. 이미 난 힙합동아리 총무와 학생회 선도부원, 또 R.C.Y 단원으로도 충분히 바쁜데 말이다. 게다가 청소년교회는 당시 학생 250여 명으로 일산에서 가장 큰 규모였고 때마침 새로 부임하신 위경환 전도사님(현 목사님)은 '청소년 부흥'이란 큰 비전을 가지고 열정적으로 도전해 나가시는 멋진 분이셨기에 그 어느 때보다도 회장의 적극적인 봉사와 헌신이 요구되었다.

그런데다가 CCM사역까지 문제가 생겼는데, 먼저 여자 멤버의 영입문제가 해결되지 못했다. 처음에 있던 멤버가 사정상 그만 두었고 또 다른 멤버를 구하는 데 시간이 지체되었다. 또 CCM사역의 신앙적 목표의 부재는 나를 가장 힘들게 했던 주범이었다. 제작자 선생님은 우리들을 참 따뜻하게 대해 주셨지만 신앙적으로 잘 이끌어 주지는 못하셨다. 이렇게 기도 없는 사역에 대한 불안함과 풀리지 않는 문제들로 내가 생각해 온 CCM사역 모습 뒤에는 '불확실'이라는 그림자가 검게 드리우기 시작했다.

나는 교회에서 회장이었고, 학교에서는 공부하는 학생이자 각 모임의 부장이나 멤버였으며 또한 같은 반 또래들의 친구였다. 뿐만 아니라 집에서는 사랑받는 아들이자 개인적으로는 CCM사역을 준비하는 청소년이었다. 그러나 나와 관계하는 각계각층의 사람들은 각기 그 자리에서 내가 항상 최선을 다해주길 원했다. 그들은 내가 맡고 있는 다른 위치의 역할은 보지 못한 채, 나에게 더 많은 것을 바라고 요구했다.

이런 복잡한 생활로 공부는 언제나 뒷전. 공부 욕심은 있었지만 여유가 없었다. 친구들과의 관계에서도 마찬가지였다. 방과 후 친구들끼리 어울려 놀러 다닐 때에도 난 항상 빠져야 했다.

그럴 때마다 난 집에 돌아와 침대에 쓰러졌다. 그리고 남몰래 주님 앞에 눈물의 호소를 드리곤 했다. 힘들었다. 아무도 이런 나를 몰라주는 것 같았다. 모든 것이 내 생각과는 반대로 돌아가고 있는 듯했다. 난 아무 것도 할 수 없었다. 오직 흐르는 눈물만 닦아낼 뿐. 그러나 나는 알고 있었다. 이는 분명 주님이 나를 더 강하게 하시려고 잠시 날 넘어지게 하시는 것임을 말이다.

네, 순종하겠습니다

기다렸던 고2 여름방학, 난 또 다른 시작을 원했다. 무엇보다 미루어 왔던 공부를 시작하고 불확실하기만한 CCM 사역도 어찌되든지 끝을 보리라 생각했다. 내 꿈이 힙합뮤지션에서 워십 리더(Worship Leader: 예배인도자 혹은 찬양인도자)로 바뀌긴 했지만 음악에 대한 열정만큼은 더 커졌기에 음악 공부도 더 열심히 하고 교회에서의 직분도 끝까지 잘 감당하고 싶었다.

그러나 기도 없이는 이 모든 계획들이 그저 생각 속에만 머무를 것 같았다. 그래서 난 기도에 관한 책을 찾아 읽었고 다음날 그 책이 던져 준 도전대로 새벽기도를 시작했다. 그런데 시간이 지나갈수록 친구들을 위한 기도만 하게 되었다. 친구들도 주님을 영접해서 구원받고 천국가야 한다는, 그들도 참된 진리를 깨달아 생명의 길을 걸어가야 한다는 기도만이 한가득 터져 나왔다. 그러면서 '학교복음화'라는 또 하나의 꿈이 내 속에서 꿈틀거렸다.

당시 학교 내에는 '맑은 소리'라는 기독교 동아리가 있었다. 그러나 멀리서 지켜보기만 했을 뿐, 내가 참여할 곳은 아니라고 생각했었다. 그런데 주님은 왜 자꾸만 친구들의 영혼을 사랑하는 마음과 '맑은 소리'에 합류하여 학교 부흥을 위해 헌신하라는 부담을 주실까? 난 내게 새 힘을 달라고 기도를 시작한 것인데 주님은 나와 거리가 멀다고 느껴 온 그 일에 대한 부담까지 더 무겁게 얹어 주셨다.

고심하던 어느 날, 큰누나가 책 한 권을 들이밀었다. "자, 기독교 백화점 갔다가 네 생각이 나서 사왔어."『우리는 학교를 위해 기도합니다』(이하 SYATP)란 오디오북(책과 테이프 합본)이었다. 뜻밖의 선물에 놀랐는데, 마침 지금 고민하는 내용의 책이라 조심스레 받아들었다. 곧바로 두렵고 떨리는 마음으로 설교를 들으며 책을 읽어 내려갔다. 책에는 학교를 위한 기도운동(SYATP 기도운동)에 대한 취지와 역사, 그리고 현재 상황 등 나로 하여금 또다시 강한 도전을 불러일으키는 내용이 담겨 있었다. 무엇보다 놀라운 건 백신고 '맑은 소리' 멤버 중 한 친구가 인터넷에 올린 글이 그 책의 부록으로 실렸다는 것이다. 자신도 동아리 친구들과 SYATP 기도운동을 시작했다가 학생주임 선생님께 크게 혼났고, 특히 단장 친구가 지금 많이 힘들어 하니 기도를 부탁한다는 내용이었다. 이 책의 내용은 내게 큰 도전을 주었고 '이 일은 분명 나에게 주시는 사명이다' 라는 확신으로 고민의 종지부를 찍게 되었다.

"네, 주님. 제가 당신 뜻에 순종하겠습니다."

결국 그날 밤, 난 2시간이나 뜬 눈으로 누워 있었다. 누군가 내 가슴에 불을 지른 듯 온몸이 뜨겁게 달아올라 도저히 잠을 청할 수 없었던 것이다. 화끈거리는 내 몸을 이리저리 뒤척이며 열을 식혔다. 그리고 나를 통해 학교와 친구들이 변화될 그 모습을 그리며 잠이 오길 기다렸다. 생각해보면 그때만큼 내 몸의 온도가 높았던 적은 없었던 것 같다.

당신은 나의 무엇을 보셨습니까?

그 해 여름방학 중순, CCM사역에 대한 마음이 점차 식어 갔다. 일반 대중 가수들의 모습과 별반 차이가 없었던 우리의 모습에 지쳐 버린 것이다. 기도하면서 변화하기 위해 노력해 보았지만 결코 쉽지 않았다. 물론 좋은 기회를 너무 쉽게 포기하려는 게 아닌가 하는 아쉬움도 남았다. 편곡과 녹음 작업만을 남겨 둔 상태라 더 그랬다. 그런데 때마침 한 멤버가 집안사정상 그만둬야겠다는 말을 했고 순간 나도 같은 결정을 내렸다. 직접 말로 할 용기가 없어 편지에 써 드렸다. 학교 부흥을 위해 헌신하고자, 그동안 소홀했던 학업에 열중하기 위해 그만두겠다고.

찬양사역에 대한 기대를 먼 훗날로 미뤄두어야 했을 뿐더러, 이미 많은 사람들에게 퍼뜨렸던 말이 모두 무산되어 솔직히 마음이 편치 못했다. 대신 2학기가 되어 새로 시작할 '맑은 소리'에 대한 기대감으로 그 허망함을 채워 놓았다. 그리고 얼른 방학이 끝나 2학기가 되기를 두 손 모아 기다렸다.

지난 시간의 추억 보따리를 풀어 내놓은 지금, 내 앞에 놓인 이 기억들이 그분에게는 어떠한 의미였는지 가만히 고개 숙여 본다. 그리고 여쭈어 본다. 주님 당신은 나의 무엇을 보셨습니까. 왜 나를 이렇게 당신의 종으로 부르시고 또 많은 사람들 앞에 세우십니까.

그분은 내 중심을 보셨다고 하셨다. 당신을 향한 그 뜨거운 열정과 헌신된 마음을 살펴보셨다. 주님의 뜻이 아니라면 자기 욕심도 버릴 수 있는 겸손하고 충성된 마음을 받으셨다. 그리고 영혼을 사랑하는 마음으로 주님의 뜻에 순종했던 내 마음을 크게 기뻐하셨다. 그래서 다른 사람들 눈에는 평범했던 나를 그분은 비범한 꿈을 가진 특별한 사람으로, 한동안 가만히 눈여겨 보셨다.

이렇게 주님은 내가 이 글을 집필하는 동안 당신 눈에 비쳤던 지난 시간의 나를 보여 주셨다.

제2장

The Calling
그분이 나를 부르시다

그분의 음성을 들었다.
분명 내게 말씀하시는 그분의 소리였다.
그토록 내가 간구하고 소망했던 약속의 말씀이었다.
.

.

그러나 그 음성을 듣고 머지않아
난 내 아버지를 그분의 품으로 보내 드려야 했다.
도저히 그 뜻을 이해할 수 없었지만
그럼에도 불구하고 난…
그분을 신뢰하기로 했다.
.

.

이번 장에서는 날 눈여겨 보신 그분이
어떻게 나를 부르셨고 또 그 부르심 이후에
내게 어떤 아픔과 새로운 꿈을 함께 주셨는지
그 인도하심에 대해서 기록하려 한다.

내게 말씀하시다

2학기가 막 시작된 어느 날, 그날도 새벽예배 후 개인기도 시간이 너무 짧게만 느껴졌다. 그래서 으슥한 옥상 기도실 방문을 열고 차가운 골방에 들어가 무릎을 꿇었다. 밑에서 하던 기도를 잇는데 문득 이상한 생각이 들었다. 누군가 날 지켜보고 있는 것 같은 느낌과 온갖 공포의 기운이 한번에 날 덮쳤고, 그럴수록 난 온몸에 땀나도록 두 손을 좌우로 휘저으며 더욱 뜨겁게 기도했다.

정말 그렇게 오랜 시간 간절히 기도했던 적은 처음이었다. 기도를 마치고 나니 두려움 대신 엄청난 기쁨과 에너지가 넘쳐났다.

'아! 이게 바로 기도의 능력이구나!'

놀라운 기도의 맛을 음미하면서 난 교회를 나섰다.

오후가 되니 졸음이 몰려왔다. 5교시가 끝난 쉬는 시간, 책상에 잠시 엎드렸다. 그렇게 잠든 어느 순간이었다.

"경헌아…"

'……'

"내가… 너를… 일으켜… 세우리라…"

'…네? …하… 하나… 님…?!'

짜릿한 전율이 온몸을 휘감았다. 순간 난 직감했다. 이 소리는 하나님의 소리이다… 이 소리는 내게 주시는 주님의 음성이다… 하나님의 음성을 듣는다는 것이 무엇인지 잘 몰랐던 나는 안에서 울려 퍼지는 잔잔한 파동이야말로 분명한 하나님의 음성이라고 확신하게 되었다.

'아…당신이시군요? 내게 말씀해 주셨군요?! 오, 주님… 내게
이렇게 당신의 음성을 들려주시니 정말 감사합니다.'

하나님의 음성을 듣고 난 직후, 감사의 고백을 드리는 동시에 난
잠에서 깨어났다. 그러나 고개는 들지 않았다. 흘러내리는 눈물, 이
미 책상에 떨어져 버린 눈물자국을 들키고 싶지 않았다. 또 말로 다
표현할 수 없는 이 감동을 조금이라도 더 느끼고 싶었다. 그분은 너
무나 위엄 있으신 목소리로 나의 이름을 부르셨다… 그리고 나를
일으켜 세우리라 약속해 주셨다… 마음을 가라앉히고 눈물을 쓱 훔
치니 수업종이 울렸다.

'맑은 소리'의 새로운 단장

개학 후 약 열흘이 지난 날, '맑은 소리'의 두 친구를 찾아 갔다. 그들은 '맑은 소리'의 핵심 멤버였고, 그 중 한 친구가 바로 SYATP책에 글이 실렸던 란이(가명)였다.

동아리 상황에 대해 묻자 친구들은 현재 모두가 지쳐있고, 그중에 단장친구는 처음부터 자신의 직분을 부담스러워했으며, 근래에는 집안의 반대가 더 심해졌다고 했다. 이에 난 현 단장과 상의 후 나를 중심으로 다시 시작하는 것은 어떻겠냐고 물었고 친구들은 뜻과 열정이 있는 사람이 리더가 되어야 한다며 긍정적인 반응을 보였다. 단장친구도 그게 좋을 것 같다고 했다. 그래서 난 이렇게 한 순간에 기독교 동아리의 단장, '맑은 소리'의 리더가 되었다. 전부터 원하고 또 생각해 왔던 바였지만 일이 이렇게 쉽게 될시는 정말 몰랐다.

또 가만히 생각해 보았다. 이제 첫 과제는 기존의 멤버들과의 화합이었다. 다행히도 난 부단장 친구를 비롯한 많은 멤버들을 이미 알고 있었기에 관계의 시작은 그리 어렵지 않았다. 또 모두가 한 마음 한 뜻을 품고 모인 것이기에 다시 한 번 뜨거운 도전만 던져 준다면 일의 진행도 그다지 어려울 것 같지 않았다.

먼저 난 친구들을 찾아다니는 일로 백신고의 부흥의 첫 발걸음을 떼었다. 하고자 하는 의지가 있는 누구라도 모두 받아들였다. 처음엔 할까 말까 망설이던 친구들도 우리의 열정적인 모습에 놀라 함께 하겠다고 했고 이렇게 모인 '맑은 소리'의 멤버는 전보다 약 2배 가까이나 늘어났다.

　또한 우리는 1학년 전 교실을 돌며 신우회 홍보 및 후배 모집에 열을 올렸다. 동아리 활동과 모임이 느슨해지는 2학기에 오히려 더욱 활발해진 '맑은 소리'는 많은 친구들의 이목을 집중시키기에 충분했다. 거기다 새로운 단장이라는 애가 학교 복도에서, 또 축제 때마다 랩을 하던 '힙합마니아' 아니었던가!

백신고를 우리에게 주소서

우리는 먼저 주님 안에서 하나가 되기 위해 노력했다. 매일 아침마다 말씀을 나누고 기도하는 것은 물론이거니와 매주 신우회(信友會)예배를 드렸으며, 추석 연휴에도 학교에 나와 기도모임과 단합대회를 갖기도 했다.

하나 됨을 위한 노력과 함께 우리는 믿지 않는 친구들에게 더 다가서려고 노력했다. 그래서 우리는 설문조사 겸 홍보전단을 만들어 전 교실에 돌렸으며 음악방송을 통한 점심시간 신우회 홍보도 끊임없이 계속했다. 또 나는 직접 뛰어다니며 친구들을 설득하기도 했다. 당시 내가 얼마나 복도를 활보하고 다녔으면 나와 친분이 전혀 없던 어떤 친구의 꿈속에까지 나타나 "예수님 믿으세요!"라고 했겠는가?! 그 이야기를 전해 듣고는 참 묘하면서도 뿌듯한 느낌을 감출 수가 없었다.

우리는 열려 있는 공동체이길 원했다. 그래서 아침 기도모임에 일반 친구들도 참석할 수 있도록 했다. 매일 아침 8시 30분부터 약 20분간 아침 QT(Quiet Time, 경건의 시간)를 했는데 횟수를 거듭할수록 사람이 불어났다. 어떤 때는 일반 친구들이 '맑은 소리' 멤버들보다 더 많이 나오기도 했다. 솔직히 아침마다 40여 명이 몰려올 때 모임을 인도하는 나로서 쉽지 않았지만, 그 소중한 시간에 함께 나누었던 예배의 기쁨은 그날 하루를 살아가는 큰 힘이 되었다.

우리 사역의 중심은 신우회였다. 난 무엇보다도 예배에 목숨을 걸어야 한다고 믿었다. 그렇기에 우리의 예배는 달라져야 했다. 그리고 새로워져야 했다.

먼저, 전에 없던 주보를 만들었다. 설교 말씀도 선생님이 아닌 내가 맡기로 했다. 예배 형식도 기존의 틀을 벗어나 때로는 영상예배로, 찬양예배로 그리고 창조론에 대한 신앙세미나 형식으로 드렸다. 뿐만 아니라 처음 나오는 친구들의 기도제목과 이메일 주소를 받아 신우회 이후의 자리에서도 그들을 섬길 수 있도록 했다. 그 결과 예배 인원이 매주 늘어나 어느새 50명을 넘어서게 되었고, 복사해 둔 주보가 모자라 신나는 비명을 질러댄 날도 있었다.

신우회 다음으로 우리가 힘을 모았던 것은 바로 SYATP(See You At The Pole) — 학교를 위한 '국기게양대 기도운동'이었다. 나는 더 많은 친구들과 함께 학교를 위해 기도하고 싶었다. 우리의 작은 기도모임을 통해서 일산의 모든 고등학교를 변화시키고 전국의 수많은 중·고등학교 곳곳마다 큰 부흥을 이뤄가는 꿈을 가졌다.

그래서 우리는 2시간짜리 공 테이프에 앞면 30분은 우리 '맑은 소리' 친구들의 간증을, 뒤이어 나머지 90분은 학교를 위해 기도하라는 원베네딕트 선교사님의 설교말씀과 우리가 좋아하는 찬양을 녹음했다. 그런 다음 이 기도운동에 모두 동참하자는 편지글과 함께 우리의 첫 '전도편지와 테이프'를 완성시켰다. 이렇게 해서 만든 약 100여 개의 테이프와 편지를 친구들에게 나누어 주었고, 모자라는 테이프는 한 사람이 한 개씩 더 복사해서 주거나 돌려 듣는 것으로 대신했다.

우리는 국기게양대 앞에서 6시 40분부터 약 20분간 기도하기로 했다. 그런데 바로 첫날부터 다신 기도하지 말라는 경고를 받게 됐다. 그것도 엄하기로 소문난 학생주임 선생님으로부터 말이다. 학교를 위해 기도한다는 좋은 취지를 말씀드렸지만 선생님은 그래도 종교적 모임은 안 된다고 하셨다. 처음엔 막무가내로 일을 지속해 보려고 했지만, 일이 더 커져 학교와 맞서는 상황까지 갈 것 같아 그만두었다. 하는 수 없이 다른 장소를 모색했다. 기도 자체를 그만둘 순 없었다. 결국 우리는 학교 뒤편 공원 벤치에서 몇 번이고 모여 기도했다. 그러나 쌀쌀한 가을 날씨 탓에 우린 또 다시 학교 앞 교회로 자리를 옮겼다.

우리의 SYATP 기도모임은 솔직히 매일 5명도 꾸준히 모이기 어려웠다. 기대했던 30명에는 턱없이 부족한 숫자였지만 그 시간 우리들의 기도는 주님을 감동시켜 그분이 주시는 놀라운 부흥을 맛보게 했다.

사람들은 흔히들 '부흥'을 사람 수와 비례하여 수치적으로 말하지만 사실 그것만이 전부는 아니라고 생각한다. 우리에게 임한 부흥은 양적인 부흥뿐만 아니라 식어진 열성이 다시 타올라 학교 분위기까지 변하게 한 질적인 부흥이었다.

크리스천임을 숨겼던 이들이 당당하게 성경을 꺼내어 읽고 식사 기도를 부끄러워하지 않는 태도의 변화, 예수님 이야기를 한다거나 각반 교실에 전도지를 붙여 놓는 일들이 자연스럽게 받아들여지는 문화, 믿지 않던 친구들이 먼저 다가와 신앙에 대해 묻는 분위기, 교실에서 기타를 치며 찬양할 때 친구들도 따라 노래하는 등, 바로 우리가 간절히 기도했던 백신고 부흥의 거룩한 역사가 이루어졌던 것이다.

한 사람으로부터 시작된 작은 열정이 여러 사람들의 마음속에서 큰 부흥의 열매로 자라날 수 있었던 것은 오직 주님 한 분만을 믿고 의지함으로서만 가능한 일이었다. 그리고 그 부흥의 모든 기록들은 나 한 사람만의 것이 아니요, 우리의 모두의 것이며, 오직 그분이 친히 이루신 것임을 난 믿는다.

그 시간동안 우리들의 눈물어린 기도는 단 한가지였다. 학교의 모든 친구들의 영혼이 잘되기를 바라는 기도, 더 나아가 전국의 모든 학교들이 깨어 일어나 큰 부흥을 맛보게 되길 바라는 기도. 우리는 이를 위해 기도하며 찬양했던 것이다.

"백신고를 내게 주소서! 그날에 주께서 말씀하신 이 땅을 이제 내가 주님의 이름으로 취하리니."

한마음으로 간절히 부흥을 꿈꾸었던 우리들의 눈물이 떠오른다. 우리의 기도가 현실로 나타났던 그 모습까지… 아, 지금도 그 추억들이 내 심장을 뛰게 한다!

부흥의 역사, 그 뒤편에서는

 어느 날 자습시간, 기다리던 문자가 왔다.
「아빠 수술불가, 완치불가래. 기도하자.」

순간 마음이 철렁했던 단 두 줄의 메시지. 공부하던 중 누나에게 아빠의 진단결과를 물어보는 문자를 보내면서 난 사실 "별일 아니니깐 걱정하지마"라는 답문이 오리라 기대하고 있었다. 그러나 예상치 못한 문자에 순간 난 무슨 생각을 어떻게 해야 할지조차 망설여졌다. '불가라는 말이 뭐더라. 절대 할 수 없다는 말?! 아… 아니야. 대체 얼마나 심각한 걸까? 서… 설마….' 펜을 떨어뜨리고 생각에 젖어들었다. 그러다가 북받쳐 오르는 마음을 감당할 수 없어 교실을 나섰다. 친구에게 문자를 보여줬다. 얘기하면서 바보같이 눈물을 보이고 말았다. 복도를 지나는 친구들을 바라볼 수 없어 땅바닥만 쳐다보았다.

지난 9월 5일, 아빠는 갑자기 찾아온 통증에 병원을 찾으셨다. 그리곤 왜 지금껏 가만히 있었냐는 따끔한 충고와 함께 바로 입원하셨다. 별일 아니려니 생각했는데 바로 오늘, 누나는 앞 문자에 이어 이런 말까지 덧붙였다. 의사의 말로 이제 아빠에게 남은 기간은 단 3개월뿐이라고….

왜 갑자기 내게 이런 일이! 이미 학교 일만으로도 충분히 머리가 복잡한데 이렇게 큰 문제까지 날 짓누르니, 어지럽고 혼란스러웠다. 그러나 그 순간에도 스치듯 떠오르는 생각이 있었다. 수술조차 불가능한 병이라면, 아빠가 살 길은 정말 기도밖에 없다고. 지금이야말로 부모님의 신앙회복을 위해 더 세게 기도해야 할 시간이라고.

원래 우리 부모님은 신앙이 참 좋으셨다. 그러나 어느 날부터인가 교회에 발길을 끊으셨고 반대로 나와 누나들의 신앙은 뜨거워져만 갔다. 그래서 우리 남매는 다시 신앙생활을 하자고 설득해 봤지만, 부모님은 몇 주 다녀 보시고는 말았다. 사는 게 힘들어 주일에는 쉬고만 싶다고 하셨다. 교회에 나가 하나님께 예배하는 것이야말로 진정한 '쉼'인데 아빠는 그걸 모르고 계셨다(아니 잊고 계셨다). 나이 들어 편히 살 때쯤 다시 신앙생활을 할 테니 그 전까지 교회 얘긴 꺼내지 말라고 하셨다.

그러던 어느 해, 난 어버이날 선물로 신앙서적을 사 드렸다. 그러나 아빠는,

"믿지도 않는데 이런 걸 왜 주니? 아빠는 이제 하나님 안 믿는다."

하시면서 펼쳐보지도 않으셨다. 내겐 큰 상처가 되었다. 선물을 무시해서가 아닌, 작은 믿음까지도 사라진 아빠의 그 마음 때문에….

지난 11년의 시간, 부모님이 신앙을 버리면서 우리 가정은 확실히 달라졌다. 아무리 힘들어도 별 불평 없으셨던 엄마가 작은 일에도 짜증을 많이 내셨고, 아빠 역시 기도가 아닌 담배로만 답답한 마음을 달래셨다. 우리 삼남매도 마찬가지였다. 자기생활에만 바빴을 뿐 서로에게 무관심했다.

하지만 아빠의 입원으로 상황이 달라졌다. 각기 다른 곳을 바라보던 우리들이 가정, 특히 아빠, 엄마를 바라보도록 만들었다. 그리고 이를 위해 40일 작정 기도회를 시작하기로 했다. 수술조차 힘든 절박한 상황 속에 있었지만, 우리는 희망의 말씀만을 붙들며 살았다.

여호와께서 애굽을 치실 것이라도 치시고는 고치실 것인 고로 그들이 여호
와께로 돌아올 것이라 여호와께서 그 간구함을 들으시고 그를 고쳐주시리
라 —이사야 19장 22절

선택받은 이스라엘 백성이 자꾸 여호와 하나님을 배반하고 떠나
자, 하나님이 그들을 먼저 치시고는 다시 고치셨고 결국 또 다시 하
나님께로 돌아왔다는 이사야서의 말씀. 우리는 이 말씀을 굳게 붙들
었다. 더욱이 아빠가 입원하신 날 받은 말씀이기에 우리는 확신에
차 기도했다.

"오랜 시간 하나님을 떠나 살았던 그 마음을 돌이키시고자 이렇
게 아빠를 치셨구나. 그리고 '고쳐주시리라'는 말씀대로 이젠 아빠
를 고쳐주실 차례구나!"

또한 '그들이 돌아 올 것이라'는 말씀처럼 우리 부모님의 영혼까
지 다시 하나님께로 돌아실 것을 믿고 기대했다.

오직 당신만이 아빠를 살릴 수 있습니다

세상 의학으로는 불가능한 치료라 하더라도 우리 하나님께 능치 못할 일은 전혀 없다. 그분은 우리 인간을 창조하신 분이시기에 인간의 모든 인생의 생사화복이 그에게 달려 있다. 난 이것을 믿는다. 의사는 '길어야 3개월'이란 사형선고를 내렸지만 난 의사보다 하나님의 약속을 더 굳게 믿었다. 아빠를 살리시고 그리하여 우리 가족이 다시 주님 안에서 하나 된 믿음의 공동체를 이루리라 소망했다.

아빠는 생각보다 심각했다. 의사 선생님 말로는 어떤 담석 같은 것이 아빠의 간 동맥 중간에서 담즙의 흐름을 막고 있다고 했다. 또 암세포가 이미 간에 전체적으로 퍼진 상태라 어떻게 손을 써야할지 고민스럽다고 했다. 그저 막혀 있던 간의 담즙을 빼내며 그 진행과정을 지켜보는 게 전부였다. 그렇다. 기도만이 살 길이었다. 아빠를 고치실 분은 이제 의사가 아니라 아빠를 만드신 하나님이셨다.

아빠를 위한 특별 40일 기도회, 우리는 저녁 9시경마다 거실에 모였다. 우리 셋만 모여 기도한 적은 별로 없었다. 우리의 사정을 아는 교회 식구들이 종종 찾아와 함께 해 주었고, 특히 큰누나의 절친한 친구―지희 누나는 참 고맙게도 거의 날마다 우리와 함께 기도해 주었다.

그러던 어느 날 저녁이었다. 찬양과 기도를 드린 후 잠잠히 하나님의 음성을 듣는 시간에 순간 난 머릿 속에서 어떠한 영상이 펼쳐지고 있는 것을 보았다.

‘아, 이것이 바로 환상이라는 건가?’

숨을 죽이며 그 영상을 주시했다.

  고요한 들판, 한 분이 갓난아기를 품에 안고 계신다. 그런데 아기가 갑자기 그 품을 벗어나 붉은 열매가 달려 있는 큰 나무 쪽으로 뛰어간다. 아기가 열매를 움켜잡는 순간, 나무 뒤에 숨어 있던 뱀이 갑자기 나타나 그 열매를 물어간다. 놀란 아기는 급히 다시 그분의 품으로 돌아가 엉엉 운다. 그분은 아기를 위로하시며 가만히 나무를 향해 손을 든다. 그러자 뱀이 물어간 열매는 그분의 손으로 천천히 날아 들어오고 뱀은 그 즉시 나무에서 떨어져 죽는다. 그분은 열매를 다시 아기에게 가져다주시고, 아기는 이내 다시 평온하게 잠든다.

  정확한 뜻은 알 수 없었다. 그러나 분명한 건 그분은 예수님이셨고, 갓난아기는 아빠의 영적인 모습이라는 것이었다. 누가 말해주지 않았지만 난 영상을 보는 내내 그렇게 인식했다. 얼매에 대해서 궁금했을 때에도 주님은 그것이 아빠가 이 세상 속에서 얻고자 했던 것이었다고, 그 즉시 알게 해주셨다. 이렇듯 아빠는 예수님을 떠나 자신의 힘으로 그것을 얻고자 했으나 뱀이라는 사단에게 빼앗겼고 울며 다시 그분께 돌아갔을 때 그분은 아빠를 위로해 주시며 빼앗긴 그 열매를 되찾아 주신 것이다. 그래서 난 이것이야말로 하나님이 바라보시는 아빠의 영적인 모습이라는 것을 어렴풋하게나마 알게 되었다.

영혼의 회복

아빠는 거울을 자주 보셨다. 하루가 다르게 변하는 안색을 살피셨다. 늘 누워계시다 보니 항상 눌린 머리에, 면도하지 못해 까칠까칠한 턱수염, 게다가 흰 눈동자에까지 번져 버린 황달과 복수가 차올라 크게 부르기 시작한 배를 보시며 아빠는 어떤 느낌이 드셨을까.

호스에 담즙이 잘 빠져 나오지 않을 땐 걱정도 많으셨다. 그리고 새벽녘마다 시작되는 심한 통증으로 제대로 주무시지도 못하셨다. 엄마 역시 그때마다 같이 일어나야만 하셨기에 하루도 편히 잠들지 못하셨다. 그런 두 분을 지켜보고 있을 수밖에 없다는 사실이 안타까웠다. 고통이 얼마나 큰지 또 얼마나 괴로운지는 짐작할 수는 없었지만 난 조금이나마 그 짐을 덜어드리고 싶었다.

수업을 마치고 병실을 찾은 어느 날, 난 주무시는 아빠의 손을 잡고 간절히 기도하시는 엄마를 보았다. 오랜만에 보는 기도하는 모습에 나도 옆에서 가만히 감사기도를 드렸다. 그렇다. 사람은 가장 약해질 때야 비로소 절대자를 찾는다고 하지 않던가. 부모님의 절박한 심정은 당신들의 창조자를 기억하고 매달리도록 도와주었다. 이 세상을 지으신 그분이야말로 우리 인간들의 유일한 소망되심을 부모님도 다시 깨달으신 것이다. 비록 아빠의 육체적인 회복은 매우 더디었지만 반면에 아빠와 엄마의 영혼은 하루가 다르게 회복되어져 갔다.

주님께로 돌아서기, 이는 곧 한 순간에 죽음의 길에서 생명의 길로 방향을 전환하는 것과 동일하다. 그런 의미에서 우리 부모님은 모든 것을 잃으신 것 같지만 사실상 모든 것을 새로 얻으셨다. 구원과 영생, 하나님이 주시는 최고의 선물을 다시 돌려받으신 것이다.

꿈 그리고 무지개

온 가족이 병실에 모인 어느 날, 엄마가 말씀하셨다.

"여보, 어제 꿈 이야기… 애들한테도 해줘 봐요."

"응, 그 꿈 말이지… 아빠가 아주 으리으리한 큰 대궐 앞에 서 있었는데 그 앞에 흰옷을 입은 여자 둘이 있더구나. 안으로 들어가려고 하는데, 글쎄 그 여자들이 날 막아서면서 지금은 내부공사 중이라고 안 들여보내주더라고…."

아빠는 허리가 아프셨는지 자세를 바꾸셨다. 힘들게 발을 창가에 올려놓고 침대 중심부를 가로질러 창을 향해 누우셨다. 그리고 다시 말을 이어 나가셨다.

"그래서 조금 있다 보니깐 누가 날 찾아오는 거야. …중략… 그리고 나니깐 이제 그 대궐에 들어갈 수 있게 하더라고. 그래서 아빠가 들어가 인부들과 함께 내부공사를 끝내고 나왔지. 허허…."

"와, 그 집! 아빠의 몸을 말하는 거 아닌가? 인부들이랑 내부 수리했다면서요? 아빠가 다시 회복되리라는 약속인 것 같아요."

우리들은 나름대로 그 뜻을 해석하며 좋아라했다. 마찬가지로 아빠도 그 집을 당신의 몸에 비유하여 곧 고침을 받을 것이라 생각하시고는 크게 기뻐하셨다. 그러던 중에 큰 누나의 핸드폰에서 벨이 울렸다. 지희 누나가 어서 창밖을 보라고 전화를 준 것이다. 그날은 오전 내내 비가 와서 커튼을 치고 있었는데, 갑작스런 전화 한 통으로 난 커튼을 활짝 열어 젖혔다. 그리고는 외쳤다.

"우와, 이것 봐! 쌍무지개 아니야? …와 진짜 신기하다!"

생전에 그런 무지개는 처음 본 것 같다. 시작부터 끝까지 선명하게 하늘을 일곱 색깔로 수놓고 있었다. 그것도 하나가 아닌 두 개가! 무엇보다 더 감동이었던 건 두 무지개가 우리 가족을 위해 만들어진 것 처럼, 정확히 우리를 중심으로 펼쳐졌다는 것이다. 더욱이 조금 전 창가를 향해 돌려 누우셨던 아빠에게 주시는 하나님의 선물 같았다.

"어, 이거 성경에 나온 약속의 무지개랑 비슷한 의미 아닌가. 엄마, 왠지 우리에게 주시는 하나님의 징표 같은데? 그렇지, 누나?"

엄마와 누나들도 그런 것 같다며 좋아라했고 아빠도 한동안 말없는 웃음으로 하늘에서 시선을 떼지 않으셨다. 이렇게 오랜만에 한자리에 모여 다정하게 이야기를 나누고 아름다운 무지개를 바라보며 깊은 평안과 위로를 받았던 우리 가족, 후에 그 모습을 떠올릴 때마다 난 마치 하나님이 연출하신 영화 속의 한 장면 같다는 인상을 지워버릴 수 없었다.

아빠, 정말 목사님 하실 거예요?

그로부터 1주일 후, 황당하면서도 기쁜 소식을 들었다. 아빠가 신학을 공부해 목사가 되겠다고 사람들 앞에 선포하셨다는 것이다. 순간 나는 내 귀를 의심했다. 정말 우리 아빠가? 의아했지만 그러면서도 내심 흥분되어 그 즉시 병원으로 달려갔다.

마침 아빠는 엄마와 운동을 하고 계셨다. 엄마는 내게 아빠와 병원 한 바퀴를 더 돌라 하시고는 병실로 돌아가셨다. 오랜만에 찾아온 단 둘의 시간이라 그런지 잠시 어색함이 흘렀다. 그런 분위기를 깨고자 내가 먼저 입을 열었다.

"아빠, 정말 신학 공부해서 목사 하실 거예요?"

"그럼, 정말이지! 근데 그전에 먼저 이 몸이 빨리 나아야지. 그래야 하나님의 사랑을 전하는 목사가 될 수 있지."

깜짝 놀랐다. 그동안 아빠에게 무슨 일이 일어났던 걸까, 추측하며 걷다가 엘리베이터 쪽을 지나갈 때였다. 아빠는 밖이 환희 보이는 복도 창가를 가리키셨다.

"저기가 아빠의 기도굴이야. 새벽에 등이 아파 깰 때마다 저 곳에서 기도한단다. 창가 밑에 받침대 보이지? 거기에 팔을 올려놓고 기도하다 보면 몸이 한결 나아지거든."

기도굴? 아빠가 만드신 그 단어에 잠시 웃음이 나왔지만 별다른 응수 없이 또다시 조용히 걸었다. 한 바퀴를 돌고 병실이 눈앞에 보이기 시작할 때쯤 이번에는 아빠가 내게 물으셨다.

"근데, 경헌이는 커서 뭐가 되고 싶다고 했지?"

"예배인도자요, 앞에서 찬양 인도하는 사람 있잖아요."

"에게! 겨우 예배 사회 보는 사람이나 되려고?"

"아이, 아빠도 참! 사회 보는 사람 아니에요. 예배인도자가 얼마나 중요한 사람인데… 아빠가 잘 몰라서 그렇지….."

"음, 주님의 일 하려면 말씀전하는 목사를 해야지! 아빠는 말이다. 경헌이가 세계적으로 훌륭한 목사님이 되었으면 좋겠는 걸."

"에이 아빠, 난 목사는 되기 싫은데… 근데, 어쨌든 나도 신학 공부 할 거니간 나중에 아빠랑 같이 신대원(신학대학원)가면 되겠다!"

뜻밖의 반응에 난 적잖이 놀랐다. 몇 달 전까지만 해도 아빠는 내가 교회에 너무 오래있는 것 아니냐고 염려하시던 분이셨다. 더욱이 성직자는 배고픈 직업이라며 나만은 그 길로 안 가길 바라셨는데….

병실로 들어가면서 아빠와 함께 사역하는 그림을 그려보았다. 같은 교회에서 아빠는 말씀을 전하시고 난 그 옆에서 찬양인도를 하고… 아, 언제쯤이면 그런 날이 올까! 나는 정말 그날이 기다려 졌다.

아빠는 분명 다시 일어나실 거예요!

"오늘도 아빠 피 토하셨대."

근심 섞인 누나의 말은 내 가슴도 쓰리게 했다. 아빠는 어디서 나오는 것인지 모를 검붉은 피와 그 밖의 것들을 자주 토해내셨다. 담즙도 날이 갈수록 더 검어져 갔다. 음식도 제대로 드시지 못하는데 배는 점점 차오르고 얼굴은 더 야위어만 가셨다. 그때 아빠는 어떤 느낌이셨을까. 절망의 시간들, 그 고통의 순간들을 어떻게 견디어 내셨을까. 그럼에도 불구하고 아빠는 우리들에게 한번도 약한 모습을 보이지 않으셨다.

언젠가 난 아빠가 써 두신 메모를 보았다. 여쭈어보니 훗날의 간증을 위해 준비하신 거라 하셨다. 글씨 읽는 것도 힘드시면서 그런 것까지 준비하시다니, 정말 눈물이 날 뻔했다.

이렇게 아빠는 오직 믿음으로 참아 내셨다. 아마 다시 찾은 그 믿음, 이제는 절대 놓치지 않겠다는 심정이셨을 거다. 눈앞을 가리는 죽음의 공포와 한낱 같은 희망 사이에서도 아빠는 끝까지 희망을 포기하지 않으셨다.

그런데 어느 날인가 호스가 빠져버렸다. 엄마가 아빠를 씻겨 드리다가 실수로 툭하니 빠진 것이다. 그것이 아빠가 받고 계신 유일한 치료였는데 말이다. 다음날 아빠는 다시 호스를 끼우는 간단한 수술을 받으셨지만 결국 혈관이 보일 때까지 기다려야 한다는 소리만 들으셨다. 또다시 며칠 후 아빠는 치료실로 들어가셨고 엄마와 나는 초초하게 밖에서 아빠를 기다렸다.

"경헌아, 아빠 위해 기도해. 혈관 잘 찾을 수 있도록— 응?"

"에이, 엄마 걱정 마. 하나님이 다 고쳐주실 텐데 뭘 걱정해."

나는 너무 마음 놓고 있었다. 하라는 기도는 안하고 기도하시는 엄마 무릎에 누워만 있었다. 시간은 십 분, 이십 분 흘러만 가고… 한참이 지나도 나오지 않자 엄마는 또 혈관이 안 보이나보다 걱정하시며 더 간절히 기도하셨다.

곧이어 아빠가 나오셨다. 그런데 들어가실 때와 같은 모습, 또다시 실패하신 모양이다. 우리가 이 날을 얼마나 손꼽아 기다려왔는데… 실망한 마음을 감추시려는 듯 아빠는 애써 담담한 표정으로 엄마를 위로하셨다. 하지만 엄마는 이 모든 탓을 자신에게 돌리며 미안해 하셨다. 옆에 있던 나도 착잡하기야 했지만 그래도 아빠의 회복을 확신하는 믿음 때문인지 크게 요동하지는 않았다.

후에 엄마와 함께 담당 의사선생님을 만나 뵈었다.

"그럼 다른 방도는 없는 건가요?"

"너무 늦었습니다. 죄송하지만 달리 손 쓸 방법이 없습니다. 미리 마음의 준비를 해 두시는 것이 좋을 겁니다."

엄마의 가슴을 철렁하게 만든 의사의 한 마디. 그런 말을 너무 쉽게 뱉어내는 의사가 갑자기 미워졌다.

"그래도… 저… 기적이란 것이 있지 않습니까?"

"기적은 쉽게 일어나지 않기 때문에 기적이라고 하는 겁니다!"

의사는 한 가닥 희망의 빛줄기를 기대하며 건넨 엄마의 말을 무참히 짓밟았다. 그러나 난 기적은 없다는 의사의 말을 결코 인정할 수 없었다.

'뭘, 모르는 소리하지 말아요! 하나님이 고쳐주신다고 약속하셨어요! 며칠만 지나면 당신도 깜짝 놀라게 될 걸요? 어디 두고 보세요, 아빠는 분명 다시 일어나실 테니깐!'

그리 아니하실지라도

10월 2일 월요일은 중간고사 첫날이었다. 준비할 여유가 없었던 난 시험을 대충 치르고 또 다시 아빠의 병실로 향했다. 병원에서 점심을 해결하고 큰누나와 집으로 향하던 도중, 누나는 어디 좀 가볼 곳이 있으니 먼저 집에 들어가라고 했다. 어떤 사모님과의 약속이라고 했다. 그런데 왠지 시험망친 기분으로 홀로 집에 가고 싶지 않았다. 불쑥 찾아가는 것이 실례라는 생각이 들었지만, 이상하게도 누나를 쫓아가고만 싶었다.

그러나 곧 그 이유를 알게 되었다. 하나님이 사모님을 통해 우리에게 전할 말이 있으셨던 것이다. 그 말씀을 간추려 보면 이러하다.

"난 솔직히 너희 아버지의 앞길에 놓여진 '회복 또는 죽음' 이라는 이 두 가지 살림실 가운데 하나님이 어느 길로 인도하실지 잘 모르겠구나…지금 너희가 확신하는 언약의 말씀을 혹시 너희 좋을 대로 받아들이는 것은 아닌지 깊이 생각해 보아라. 그 회복의 말씀이 육체가 아닌 영혼의 회복을 뜻할 수 있음을 명심하라는 뜻이란다. 그러나 무엇보다 중요한 것은 그리 아니하실지라도 끝까지 하나님을 신뢰해야 한다는 것이다. 알다시피 그분은 사랑하는 자녀들에게 가장 최고의 것을 주시는 분이다. 그 선물을 너희가 먼저 제한해 버리지 않기를 바란다. 너희가 두려워하는 죽음은 사실 두려울 만한 것이 아니란다. 믿는 이의 죽음은 곧 우리들의 간절한 소망인 천국으로 향한다. 그곳은 눈물과 고통이 없는 곳이며 하나님과 예수님이 계시는 영원한 안식처이다. 오히려 그곳이 아빠에게는 지금보다 더 좋은 곳일 수도 있단다.”

처음엔 기분이 언짢았다. ‘다른 사람들과 달리 사모님은 왜 이런 말씀을 하실까?’ 우리의 생각과 믿음의 확신을 한번에 뒤엎는 말씀. 마음이 불편했지만 난 이것도 하나님의 말씀으로 받아야겠다고 생각했다. 누나도 잠시 눈물을 글썽였던 것으로 보아 나와 비슷했던 것 같다.

집에 돌아온 난 가만히 피아노 앞에 앉았다. 한 장씩 악보를 넘기며 찬양을 시작했는데 “그리 아니하실지라도 감사해요. 주님 뜻을 믿기 때문이죠.” 라는 찬양에서 난 더 이상 악보를 넘길 수 없었다.

‘그래요 주님… 자꾸 이런 말씀을 주시니 이것도 감사함으로 받아들여야겠네요. 혹시나… 정말 혹시나… 오늘 사모님 말씀처럼 아빠가 회복되지 못하셔도…전 …끝까지 당신을 신뢰하겠습니다.’ 그 순간, 어제 내게 주신 말씀이 생각났다.

여호와의 말씀에 내 생각은 너희 생각과 다르며 내 길은 너희 길과 달라서 하늘이 땅보다 높음같이 내 길은 너희 길보다 높으며 내 생각은 너희 생각 보다 높으니라 —이사야 55장 8, 9절

사실 어제는 쉽게 지나쳤던 말씀이었다. 그러나 오늘은 어제와 다르게 너무도 강력하게 다가왔다. 더욱이 방금 전 사모님의 말씀과 너무 비슷했고, 게다가 지금 나도 그리 아니하실 하나님의 뜻과 생각까지 품고 있지 않은가! 알 수 없었다. 예상치 않았고 상상도 못했던 생각들이 내 가슴을 파고드는 이유를. 그러나 이도 정말 하나님이 주시는 마음일지 모른다는 생각이 들었다. 그래서 다만 그 주

시는 말씀대로 '그리 아니하실지라도 순종하리라' 는 다짐을 한 것
이다. 휴— 그러나 아무리 그래도, 내 속에선 절대로 인정하고 싶지
않은 마음과 또 정말 그것이 사실이 될 것만 같은 불안한 마음이 서
로 세게 부딪쳤다.

아빠… 난 아직 사랑한다는 말조차 못했는데…

뒤척이다 깨어난 다음날 아침, 그날은 개천절이었다. 첫 시험을 망쳤을 뿐더러 어제 책 한번 펼쳐보지 못했으니 공휴일도 쉴 수 없었다. 그러나 마음이 불편해 집중이 잘 안됐다. 책 한 장을 넘기는 일이 정말 힘들었다. 그러던 오후 4시경, 병원에서 다급한 전화가 걸려왔다. 모처럼 집에서 쉬시던 엄마가 전화를 받으시더니 서둘러 나갈 채비를 하셨다. 내게도 함께 가자고 하셨지만 난 내일 시험 때문에 다음에 가겠노라 했다. 엄마와 큰누나를 보내고 다시 공부하려는데 도대체 머리에 들어오는 것이 하나도 없었다.

'그냥 따라갈걸 그랬나?'

펜만 잡고 딴 생각에 잠긴지 약 20분쯤 후, 전화벨이 울렸다. 큰누나였다.

"경헌아! 지금 빨리 택시타고 병원으로 와. 빨리! 알았지… 응?"

짧은 통화였지만 떨리는 누나의 목소리에서 병실의 긴급함을 감지했다. 다급해진 난 서둘러 옷을 주워 입고 집을 나섰다.

엘리베이터에서 내려 병실로 뛰어가려는 순간, 누군가의 비명소리가 들렸다. 여러 차례, 소리도 점차 더 커졌다. 친척들이 보였다. 병실을 나오시며 눈물을 닦고 계셨다.

'무… 무슨 일이지? 왜 우시는 걸까…?'

아빠였다. 그 처절한 아픔의 비명은 바로 아빠의 소리였다. 병실에 들어서자 다들 눈물 감추기에 정신없어 보였다.

"여보, 경헌이 왔어… 응? 못 알아보겠어? 여보 정신차려봐…!"

엄마는 눈물로 외쳐보지만 아빠의 눈에는 허공만 보일 뿐, 엄마도 누나들도 나도 다 못 알아보셨다.

'아빠 왜 나도 못 알아봐요. 저 아빠 아들 경헌이예요…'

계속되는 아빠의 처절한 울음소리는 5층의 모든 병실을 울리고도 모자라 내 가슴 속살을 찢고 파고들었다.

공휴일이라 많은 사람들이 눈에 보였다. 모처럼 병문안 오신 양가 친척들, 전화를 받고 달려오신 교회 식구들, 그리고 비명소리에 놀라 나온 옆 병실의 다른 환자들까지…. 누군가 의사선생님께 이유를 여쭤보니 오랫동안 보지 못한 대변의 가스가 머리까지 올라와 뇌를 마비시킨 것 같다고 말씀하셨다. 그리고는 아빠에게 진통제를 투여했다. 별다른 방법이 없다고 했다. 모두들 가슴 졸이며 지켜만 볼뿐 어쩔 도리가 없었다. 목사님들만 기도로써 하늘의 힘을 구하셨다.

아빠는 본능적으로 화장실로 걸어가셨고, 목사님들은 아빠를 부축하시며 뒷일까지 보시도록 도우셨다. 그러나 몇 번의 노력에도 불구하고 아빠는 별다른 수확 없이 다시 일어서야만 했다. 힘들게, 아주 힘들게 겨우 찾아간 화장실에서 아빠가 그냥 나오셔야만 했을 때, 지켜보는 마음들은 얼마나 무겁고 답답하던지….

'그럼 대체 어떻게 하라는 거지? 하나님, 아빠에게 왜 이런 큰 고통을 주십니까? 그냥 빨리 고쳐주시면 안돼요?'

무언의 불평만이 한가득 일어났다.

어느 순간 아빠는 겁에 질린 듯 외치셨다.

"아악, 저리가! 이 손 놔. 저리 비켜… 아악…."

"아빠, 뭐가 있다 그래요. 네? 저희는 여기 있어요. 아빠…."

침대 위에서 아빠는 무언가를 보신 듯 했다. 손발을 떠시며 자꾸만 허공을 향해 비키라고 명령하셨다. 그리고 누웠다가 엎드렸다가 또 앉았다가… 아파서 주체 못하시는 아빠를 바라보면서 우리도 어찌할지 모른 채 흐느껴 울기만 했다.

'하나님 제발요, 아빠 안 아프게 해 주세요….'

저녁이 되고 아빠가 잠드시자 병실은 조용해졌다. 밤이 깊어 갈수록 사람들도 하나 둘씩 떠나갔다. 이젠 우리 가족과 교회 사람들 몇 분만이 남았다. 다들 이제 어떻게 해야 할지 몰랐다. 예고치 않게 벌어진 이 사태로 인해 병실에는 무거운 침묵만이 흘렀고 나 역시 언제 깨어날지 모르는 아빠만 멍하니 바라볼 뿐이었다.

자정이 가까워오자 어떤 젊은 여의사가 찾아왔다.

"오늘을 넘기시기 힘들 것 같습니다. 준비해 두시는 것이 좋을 것 같네요. 그런데 운명 직전에 심장 쇼크를 할지 안 할지는 가족들이 결정해주셔야 합니다. 회복될 가능성도 별로 없고 환자에게 고통만 줄 뿐이라 별로 권하지는 않습니다만, 원하신다면…."

쓰러지실 것 같은 엄마는 먼저 우리에게 의견을 물었고, 결국 우리는 하지 않기로 결정을 보았다. 그러면서 난 또 다시 의사를 향한 당당한 무언의 외침을 가했다.

'이봐요, 그저 한 고비 넘긴 거예요! 이제 곧 기적이 일어날 테니깐 두고 봐요. 치….'

물론 이와 더불어 어제, 그리고 조금 전에도 강력히 다가왔던 그 생각, 하나님은 다른 계획을 갖고 계실지 모른다는 생각도 함께 찾아 들었다. 그러나 애써 난 부정하려 했고, 더 이상 생각하려고도 안 했다. 오히려 이 모든 상황을 주님께 맡겨 드리며 내일을 위해 잠시 눈을 붙였다.

약 30분 정도 뒤척이다가 할머니의 부르심에 눈을 떴다. 새벽 1시 반경, 심장박동이 심상치 않았다. 위아래로 주기적인 곡선을 타던 그래프가 갈수록 중심으로 모아지기 시작했다.

'어… 어 이러면 안 되는데… 그래프야 다시 빨리 뛰어… 응? 제발….'

그래프는 잠시 정상으로 되돌아오기도 했으나 여전히 불안했다. 숨죽여 바라보시던 엄마도 그때가 되자 오열하시기 시작했다. 아빠 얼굴을 부둥켜안으시고는 눈물로 담아 두었던 말을 꺼내셨다.

"여보…여보… 그동안 고생만 하다가… 이제 좀 살만하니깐… 벌써 가면 어떻게… 나랑 애들은 어떻게 살라고? 응? 여보…당신 알지? 내가 얼마나 당신 사랑하는지…. 여보 미안해… 잘 해주지도 못하면서 잔소리만 하고… 당신은 내 보배였는데 그걸 이제야 깨닫다니… 그리고 여보, 걱정하지마… 하나님이 함께하시니깐…당신을 끝까지 지켜주실거야…."

엄마는 마지막에 해야 할 말들을 모두 쏟아 내시며 흐느끼셨다. 누나들도 할머니들도 마찬가지였다. 상황이 이렇게까지 되자 나도 이젠 현실을 직시해야만 했다. 더 이상 부정할 순 없었다.

'아빠 없는 가정은 언제나 남 일로만 생각했었는데… 내게도 이런 일이 찾아오는구나.'

더불어 지금이 마지막일지 모를 이 자리에서 나도 아빠에게 한마디 해야겠다는 생각이 들었다.

사랑한다는 그 말….

지금까지 마음에 담아두기만 했던 말. 언젠가는 꼭 꺼내 들려드리고 싶었던, 또 지금 이 자리에서 꼭 해야만 하는 그 말… '아빠 사랑해요.' 속으로는 쉴 새 없이 말해드렸다. 그런데 이상하게도 혀끝에 달린 그 한마디가 좀처럼 입 밖으로는 나오질 않았다. 몇 번이고 입술을 열어 보았지만, 답답하게도 입안에서만 맴돌았다.

망설이는 동안 그래프는 멎고 말았다. 얄밉게도 어떠한 흔들림 없이 올곧게 나아갔지만 그래도 난 끝까지 주시했다.

'아냐, 분명히 다시 뛸 거야. 하나님이 더 큰 기적을 보여 주시려고 그러는 거야. 하나님! 우리에게 약속의 말씀을 주셨잖아요? 환상도 보여 주시고, 아빠에게 꿈도 주시고, 무지개도 보여 주셨는데… 그것이… 그저 영의 회복만을 의미했던 것이었나요?'

인정하고 싶지 않았다. 그러나 끝까지 기적을 기대하고 싶었다. 그러나 끝내 그 말을 하지 못했다. 기적을 기대했던 믿음 때문일까? 아니면 구차한 자존심 때문이었을까? 아직은 마지막이 아닐 거라는 생각에, 사람들이 옆에 있다는 생각에 난 사랑한다는 그 쉬운 말조차 꺼내지 못했다. 그렇게 한순간에 바보가 되어 버렸다. 미련하게 내 생각만 하다 입도 뻥긋 못한 바보… 정말 난 바보였다.

야속하게도 간호사는 "운명하셨습니다."라는 말과 함께 재빠르게 아빠의 몸에 붙은 의료기기를 떼어 냈다. 그리고 신속히 아빠를 흰 천으로 덮고 병원 지하로 운반했다. 때는 새벽 2시 5분, 벽에 기대었다.

'아, 이게 죽음이구나. 죽는다는 게 이런 거구나.'

허탈한 마음, 힘 빠진 몸. 그러나 나보다 엄마에게 더 신경 쓸 수밖에 없었다. 내가 안지 않으면 엄마는 곧 쓰러질 것만 같았다.

죽음… 절대로 실감나지 않는 이 단어. 죽음이라는 뜻은 머리에 떠오르는데 마음으로 느껴지는 것은 없었다. 다만 이제 다시는 아빠를 볼 수 없을 거라는 그 한 가지뿐.

슬픔의 눈물이 감사의 찬양으로

검은 양복과 넥타이를 하고 있으니 비로소 상주가 되었음이 실감났다. 엄마와 누나들의 흰 소복을 봤을 때에는 더더욱 그랬다. 새벽에 연락을 받고 한걸음에 달려오신 사람들이 눈에 보이기 시작했다. 모두들 놀란 기색 없이 담담한 표정이었다. 영정 사진이 걸리면서 장례는 시작되었다. 이어서 찾아오는 사람들의 발걸음은 끊이질 않았고, 우리도 사람들의 눈물이 터질 때마다 매번 따라 울었다.

그러나 정말 큰 눈물이 쏟아져 나올 때는 바로 엄마를 볼 때였다. 누가 무슨 말을 해도 위로 받을 수 없는 엄마의 마음. 우리에게는 그저 아빠의 죽음이지만 엄마에게는 일평생을 약속한 사람과의 헤어짐이 아니던가. 기쁠 때나 슬플 때나 언제나 힘께했던, 또 앞으로도 그렇게 함께할 거라 생각했던 인생의 동반자와의 작별이 아니던가. 우리보다 아빠와의 추억의 시간을 더 많이 갖고 계신 엄마… 나도 엄마를 따라 울었다.

나 역시도 사진 속의 아빠를 보며 지난 18년간의 기억들을 떠올렸다. 함께 목욕탕 갔던 시절, 축구하고 놀았던 그때, 상 받았다고 비싼 학용품을 사주셨던 그 날, 그리고 한 달 전 아빠의 입원에 이르기까지… 행복했던 지난 추억들이 스쳐갔지만 이내 더 큰 아쉬움이 몰려왔다. 더 많은 시간을 함께할 수 있었는데… 바보같이 사랑한다는 말 한마디 못하고 아빠를 보내 드리다니… 하는 아쉬움에 난 사무치고 말았다.

오후부터는 하나, 둘씩 친구들이 찾아왔다. 어떻게 연락받았는지 반 친구들은 물론이요, 학교 선생님들, 동아리 선후배 및 동기들, 그리고 연락이 끊어졌던 옛 동창들까지 찾아와 날 놀라게 했다.

"괜찮아, 난 정말 평안해. 학교 돌아가면 꼭 해주고 싶은 말이 있으니깐 다음 주 신우회 때 꼭 한번 와라. 내 걱정은 말고 남은 시험 잘 준비해서 시험 잘 보고… 알았지?"

그 와중에도 난 신우회 광고를 했다. 난 친구들에게 다음과 같은 말을 꼭 하고 싶었던 것이다.

"난 지금 너희들이 생각지 못하는 장례를 치르고 있는 중이며, 또 말로 설명할 수 없는 초자연적인 평안 가운데 있단다."

정말 놀라웠다. 분명 그럴만한 상황이 아닌데도 내 안에 밀려드는 평안과 감사. 아무리 생각해도 신기하기만 했다. 어느 누가 이런 장례를 상상할 수 있겠는가. 그것도 하나밖에 없는 내 아버지 장례식에.

정말 그랬다. 주님의 위로와 평안이 장례식장을 가득 메웠고 상처 난 우리 마음 위에는 포근한 주님의 손이 놓여졌다. 또한 우리를 회복의 확신 가운데 넘어지지 않게 하시고, 주신 약속의 말씀대로 부모님의 영혼을 회복시키시며, 아빠를 부르시기 하루 전 마음의 준비를 시키신 하나님의 철저한 계획과 인도하심을 돌이켜 보면서 난 그분의 신실하심에 또 한번 감동하지 않을 수 없었다. 그래서 난 감사기도를 드렸다.

"만약 갑작스런 차 사고였다면 아빠의 영혼은 끔찍한 불구덩이로 향했을 텐데 그렇게 아니하셔서 감사합니다. 아픔의 시간들을 통해 먼저 부모님의 영혼을 회복시켜 주신 것 감사합니다. 한 달이란 기간이 매우 짧고 아쉽게 느껴지지만, 당신에게는 가장 적절한 때임을 믿고 감사합니다. 미리 마음의 준비를 하게 하시고 우리가 지치기 전에 그리고 아빠의 영적상태가 최고조일 때 불러주시니 감사합니다. 또한 이제 우리에게 천국에서 다시 만날 그 소망을 더하여 주시니 감사합니다.”

친구들은 태연했던 내 모습에 적잖이 당황했다고 한다. 친척들도 상주의 얼굴이 왜 이리 밝은 것 같은지 의아해 하셨다. 나도 그러면 안 된다는 것을 알아 일부러 어두운 표정을 지어보려 했지만, 내 안에 있는 그 초자연적인 감정은 쉽게 억제할 수 있는 것이 아니었다. 마치 하나님이 강제적으로 부어 주시는 은혜의 선물같았다.

물론 이해할 수 없는 것들도 많았다. 그러나 온전하신 주님의 뜻을 인간인 나로서 어찌 다 알 수 있겠는가. 다만 ‘언젠가는 알게 해 주시겠지’ 하는 그 믿음을 붙들며 이렇게 기도했다.

“하나님, 솔직히 이해할 수 없습니다. 당신은 아빠의 병을 완전히 고치실 수 있으셨고, 또 당신의 종으로 쓰실 수 있으셨는데… 당신은 우리의 예상과는 다르게 또 너무나 빠르게 그 뜻을 행하셨습니다. 그러나 끝까지 당신을 신뢰하겠습니다. 아직 제가 알지 못하는 당신의 선한 계획이 있음을 믿습니다. 그리고 언젠가는 그 이유를 알려 주실 것도 믿습니다. 그날을 기다리겠습니다… 예수님의 이름으로 기도합니다. 아멘.”

10월 5일, 입관예배가 시작되었다. 시신을 덮은 흰 천을 걷어 올리자 아빠의 노란 안면이 보였다. 다시는 보지 못할 것 같았던 아빠의 얼굴, 너무도 평온하게 잠드신 그대로였다. 엄마는 차디찬 아빠의 시신을 붙들고 또 한 차례 눈물의 절정을 이루어 내셨다. 난 그 얼굴을 조금이라도 더 깊이 새겨두고자 오랫동안 아빠를 바라보았다.

'잊지 못할 당신의 얼굴… 그 모습 그대로 조금만 기다려 주세요. 언젠가는 우리 또다시 만나야 하잖아요.'

눈물이 앞을 가렸지만 끝까지 시선을 떼지 않았다. 삼베옷으로 빠르게 덧입히는 장의사들의 손놀림도 신기했지만, 그보다 마지막으로 덮일 아빠의 얼굴에서 더 많은 것들을 읽어내려고 애썼다.

'부드럽고 온유하신 저 눈매, 고생하신 흔적이 그대로 남은 저 주름들… 지금 아빠도 하늘에서 이 모습을 지켜보고 계시겠지?'

얼굴까지 삼베로 싸매고 시신을 관에 넣어 끈으로 단단히 동여맬 땐 이젠 정말 아빠를 못 보겠구나 싶어 가슴이 미어졌다.

'그래, 이젠 아빠를 기억 속에서만 찾아내야 한다. 가슴 깊이 새겨둔 내 기억 속에서만….'

나는 장례를 통해 아빠를 더 알아갔다. 살아계실 적에는 몰랐던 아빠의 참 모습과 아빠가 이루신 업적들. 부드러움과 온유함으로 원만한 대인관계를 이루어 오신 아빠, 어려운 일이 닥쳐와도 항상 긍정적인 사고로 이겨 나가셨던 아빠, 정직하고 바른 양심으로 늘 성실히 일하신 아빠… 난 장례식을 찾아오신 분들이 남기고 가신 아빠에 대한 인상들을 고이 간직해두었다. 또 어떤 분은 나를 향한 각별한 애정을 말씀하시기도 했다.

"너 태어났을 때 아빠가 얼마나 기뻐했는지 모르지? 네 아빠가 사람들한테 얼마나 네 자랑을 하고 다녔던지, 말끝마다 우리 경헌이 우리 경헌이… 하고 그랬는데…."

'아, 모르고 지나칠 뻔 했던 아빠의 참 모습과 나를 향한 아빠의 그 사랑을 깨닫게 해주셔서 감사합니다.'

또 하나의 감사제목이 늘어났다.

이렇게 주님은 장례 중의 모든 일들을 감사로 채우셨다.

The Calling

10월 6일, 이젠 정말 아빠와 헤어져야 하는 날. 이른 아침 발인예배 후 2시간 여 만에 경기도 양평의 김씨네 선산에 도착했다. 건장한 교회 형들이 관을 묏자리까지 이동해 주었고 엄마와 우리 남매는 영정사진과 국화다발을 들고 그 뒤를 좇았다. 난 담담히 걸음을 옮기며 갖가지 상념을 품었다. 아무리 생각해봐도 지금 내 마음은 '슬픔' 보다는 '감사' 라는 표현이 더 잘 어울렸다.

'아, 우리처럼 은혜로운 장례를 치른 사람이 어디 또 있을까!'

그러면서 다짐했다. 아빠가 하지 못한 간증, 내가 꼭 대신 하겠다고.

하관예배를 드리는데 또 다시 눈에 눈물이 마를 새가 없었다. 관에서 시신을 꺼내 땅에 내리고 그 위에 나무판을 덮었다. 그리고 한 사람씩 돌아가며 한 줌씩 흙을 뿌렸다. "턱"하고 떨어지는 둔탁한 흙 소리가 들릴 때마나 온 세상이 "철렁"하고 흔들리는 것 같았다. 또 한 차례 눈물바다가 이루어졌다. 시신이 보이지 않을 때까지 난 눈과 코에서 쏟아져 내려오는 것을 정신없이 닦아냈다. 그러면서도 난 내 안에 가득 넘치는 눈물의 다짐을 계속 이어나갔다.

'아빠, 그래요… 당신이 이루지 못한 꿈… 내게 원하신 그 꿈… 아빠를 위해서라도 제가 꼭 이루어 갈래요. 세상에서 가장 훌륭한 목사가 되라는 그 말씀 꼭 지킬게요. 그리고 하나님… 이제는 당신만을 우리 가정의 아버지로 모시며 살겠습니다. 남은 가족들을 지켜 보호하여 주시고, 부족한 제가 당신께 쓰임 받는 종이 되도록 저를

꽉 붙들어 주세요….'

미리 준비한 것도 아닌데 이런 고백이 흘러나왔다. 더욱이 '목사 서원'은 정말 뜻하지 않은 발언이었다. 순간 깨달았다.

'아, 주님이 나를 부르셨구나. 나를 당신의 종으로 삼으시려고 나로 이런 서원을 하게 하셨구나!'

주님으로부터 온 이 땅에서의 내 소명을 다시 한번 자각하는 순간, 찾고 찾았던 내 삶의 분명한 목표를 발견한 그 시간, 내 온몸은 감당치 못할 충만함으로 전율했다.

산을 내려오면서는 보다 구체적인 생각들이 떠올랐다. '집에 돌아가서 신우회 때 간증할 준비를 해야지. 또 SYATP 전도테이프처럼 또 다른 나만의 간증테이프를 만들어야겠다.'

간증, 그리고 부흥의 절정기

딱 한 주 만에 학교에 갔다. 아무 일 없었던 것처럼 행동하자 친구들도 날 자연스럽게 대했다. 그날은 마침 수요일, 간증하기로 마음먹은 날이라 친구들을 찾아다니며 신우회 참석을 권했다. 장례를 치르고 돌아온 첫날부터 미소를 머금고 복도를 뛰어다니는 내가 이상해 보였나보다. 모두들 날 힐끔힐끔 쳐다보는 것 같았다. 나도 그걸 느꼈지만 난 이렇게 해서라도 이상한 내 행동의 이유를 꼭 설명해 주고 싶었다.

저녁 6시경, 친구들이 하나둘씩 음악실로 모여들었다. 때마침 다른 학교 기독서클까지 이날 백신고 부흥 소식을 듣고 찾아왔다. 이렇게 약 100여 명이 모인 자리에서 난 '장례 중에 체험한 하나님의 사랑'에 대해 약 15분가량 전했다. 목이 매여 말이 끊어지기도 했으나 끝까지 눈물은 보이지 않았다. 그러나 아무리 말로 설명한들 그들이 어찌 다 내 속마음을 알 수 있으랴. 다만 그들은 어려운 일을 겪었음에도 불구하고 잃은 것보다 얻은 것이 더 많다고 말하는 내 모습에 큰 은혜를 받은 것 같다.

예배가 끝난 후 각자 교실로 돌아가려던 참이었다. 그런데 마침 그 시간 교장, 교감, 학생주임 선생님께서 음악실을 막 빠져나가는 우리들을 지켜보고 계신 것이 아닌가! 무슨 일이라도 났나 하시면서 복도에 서서 우리들을 주시하셨다. 내가 '맑은 소리' 단장으로 역임한지 한 달을 조금 넘어선 이 시점까지 신우회 참석인원은 계속해서 늘어났고 이로 인해 전에는 없던 커다란 수적, 질적 부흥의 조짐이 보이자 학교에서도 우리들을 주목하기 시작한 것이다. 선생님들 사이에서도 '맑은 소리' 이야기가 공공연히 나돌았고 심지어 아침 QT로 인해 학생들이 조회시간에 자꾸 늦는다며 우리에게 곧 징계가 떨어질 거라는 헛소문까지 돌았다.

이렇게 장례 이후 처음 학교에 돌아가 드린 신우회. 자리가 모자라 많은 이들이 바닥에 앉아 나의 간증을 나누었던 그날이 바로 백신고 부흥기 그 절정의 순간이었다.

그 사랑을 전하고 싶습니다

계획대로 간증 후에는 테이프 제작을 시작했다. 60분짜리 공 테이프를 사서 A면에는 내 이야기를, B면에는 CCM노래를 녹음했다. 그리고 난 '세상에서 가장 아름다운 이야기와 노래'라는 제목을 달고 표지를 디자인하여 테이프를 완성시켰다.

감사하게도 방송실의 김 장로님은 테이프를 무료로 복사해 주셨고, 이렇게 만들어진 80여개의 테이프는 약 2개월에 걸쳐 내 발이 닿는 곳이면 어디든지 다 뿌려졌다.

겨울방학, 그 중 12월은 청소년교회에서 치르는 가장 큰 행사— '십대들의 축제'가 있는 책임이 막중한 달이다. 더군다나 회장인 내게는 끝마무리를 잘해야 한다는 무거운 부담감도 한 몫 더 했다.

사실 내겐 기획 초부터 한 가지 아이디어가 있었다. 바로 나와 아빠의 이야기를 연극화하는 것! 결코 쉽지 않은 일이었지만 오랜 논의 끝에 연극에 관한 총 권한을 내가 쥐게 되었다. 그래서 결국 난 대본작성은 물론이거니와 음향과 조명의 설정 그리고 주인공 역할을 맡아 연기하면서 다른 인물의 연기까지 지도하는 등 그야말로 총 연출자의 희열과 고충을 함께 느끼게 되었다.

행사 전날 총 리허설시간, 우리 연극팀은 큰 박수갈채를 받았다. 리허설을 통해 우리는 자신감을 붙이는 큰 수확을 얻어냈고 또 위 전도사님을 감동시켜 연극중심으로 축제 시간을 전체 재조정하는 모험을 감행하도록 만들었다.

행사 당일에도 우리는 큰 실수 없이 연기했고 리허설 때와 같이 약 500여 명의 가슴 속에 진한 감동을 남겼다. 초반에는 웃음을, 후반으로 갈수록 울음을 자아냈던 우리의 연극은 마지막 나의 메시지를 이어받은 전도사님의 말씀에서 절정에 달했다.

"여기 서 있는 경헌 학생… 지난 10월, 참으로 어려운 일을 꿋꿋이 잘 치렀지요?… 한번은 다른 목사님들과 함께 경헌이 아버님 병실에 찾아간 적이 있어요. 그때 아버님이 그러셨지요. '목사님, 그동안 살아오면서 예수 없는 삶은 진정 불행하다는 사실을 깨달았어요. 염치없이 이제야 다시 하나님을 찾았지만 이제는 정말 하나님만을 위해 살 거랍니다. 그리고 우리 경헌이… 제가 꼭 목사 시키려고 그래요. 저와 같이 하나님의 종이 되면 얼마나 보기 좋겠습니까?'… 비록 그 말씀대로 되지는 못했지만 장례 중에 받은 하나님의 사랑을 자랑하는 여기 이 학생의 모습이 얼마나 아름답습니까? 여기 있는 모든 사람들도 그 사랑을 함께 나누었으면 좋겠어요."

전도사님은 나도 처음 듣는 아빠 이야기를 하셨다.

'아빠가 다른 사람에게도 그런 말씀을 하셨다니… 진심으로 내가 목사가 되실 원하셨구나.'

관중석 곳곳에서 들리는 "훌쩍"소리는 떨리는 내 심금을 더 흔들어댔다. 그리고 난 또 다시 눈물로 고백했다.

'지켜봐주세요. 아빠의 유언대로 꼭 훌륭한 목사가 될게요.'

실망, 그러나 더 큰 꿈을 주시다

간증테이프에 대한 반응을 언급하기 전에 먼저 '연극상의 거짓' 에 대해 짚고 넘어가야겠다. 이제와 고백하건대 2000년도 십대들의 축제 연극 내용의 반은 사실상 거짓이다. 난 대본을 작성하면서 사실적 연출의 어려움을 알고 실제의 사건들 대신 지어 낸 사건들을 첨가시켜야만 했다. 기도회 중에 본 환상이라든지 아빠의 꿈 이야기 그리고 약속의 쌍무지개 등은 빼고, 연극의 재미와 감동을 위해 연출된 코믹한 상황과 아빠의 죽음 이후 슬퍼하는 모습을 만들어 넣었다. 낙심과 절망으로 눈물을 흘리는 내 모습, 그러나 곧 주님의 위로와 사랑으로 일어서는 나. 연극 제목도 '내가 쓰러진 그 곳에서' 라는 어느 노래제목을 따왔다. 그러나 사실 난 쓰러진 적이 없다. 그 시간, 절망은 한 순간도 날 찾아오지 않았다.

가끔 이런 생각을 해 본다. 만약 하나님이 미리 암시를 주지 않았다면, 그래서 내가 조금이라도 마음의 준비를 하지 않았더라면, 그땐 아마도 극심한 혼란 가운데 하나님을 원망했을지도 모른다고. 그러나 다행히도 주님은 그러지 않으셨다. 오히려 시련 속에 감춰진 커다란 감사 제목들만 눈에 보이게 하셨다. 난 그것이 감격스럽고 또 감사해서 테이프를 통해, 연극을 통해 다른 사람들에게 말해주고 싶었던 것이다.

테이프에서도 진실 그대로를 다 말할 수 없었던 것이 사실이다. 믿지 않는 친구들을 위해 영적인 체험들은 거의 생략했다. 그러나 내게 보이신 하나님의 사랑에 대해서, 또 이를 함께 나누고자 하는 내 간절한 마음은 잘 담았다고 생각했다. 그러나 정작 친구들의 반응은 완전 내 기대 이하였다.

'어? 다들 왜 그럴까. 적어도 교회 한번 다니고 싶은 생각은 들것이라 생각했는데… 뭐 이렇게 반응이 별로 없어?'

기대가 너무 컸던 탓일까. 믿지 않는 친구들에게는 항상 이런 실망감이 찾아왔다.

2001년 1월, 난 이 문제를 놓고 고민하기 시작했다.

"하나님, 믿지 않는 애들은 여전히 그대로인걸요. 오히려 제가 더 이상한 애가 된 것 같아요. 이제 어쩌지요…."

그러나 주님은 멈추지 말라는 음성을 주셨다. '이번에는 글로 더 많은 사람들에게 전해야 하리라.' 하는 뜻하지 않은 도전과 함께 내 이야기가 책으로 출간되는 모습까지 보여 주셨다.

그런데 왜 갑자기 책이란 말인가! 괜히 이루지도 못할 허황된 꿈은 아닐까, 글재주도 없는 내가 어떻게 책을 쓴다는 거지, 잠시 이런 걱정에 잠겼다. 그러나 기도를 하면 할수록 이는 분명 주님이 내게 원하시는 일, 나를 통해 이루고자 하시는 일이라는 확신이 들었다. 그러자 나도 할 수 있다는 자신감이 생겨났다.

책을 내는 작가. 나의 새로운 꿈은 이렇게 탄생되었다. 그리고 난 그 작업을 2002년도에 다 이루리라는 계획으로 '2002프로젝트'라고 이름 붙였다.

제3장

The Advance
그분 앞으로 내가 나아가다

가자, 나의 '2002프로젝트' 호!
출항을 알리는 경적소리를 울리며
난 모험의 바다로 힘차게 뛰어들었다.
.

.

어느 항로를 따라가야 하는지―
앞으로 어떠한 풍랑을 맞이할는지―
아무것도 예상하지 못한 채
나는 앞만 보며 거센 물살을 갈라나갔다.
.

.

그렇게 시간은 흐르고―
세찬 폭풍우에 이기지 못해
닻을 접어 내리고서야 비로소 난 깨달았다.
오직 그분의 뜻과 계획만이 이 항해의 나침반임을.
진정한 항해자이신 그분께 내 모든 길을 맡겨야 함을.

타이틀을 만들자!

가야 할 곳이 분명해졌다. 목적지가 한눈에 들어왔다. 공부도 음악도 아니었다. 오직 글로써 하나님을 증거하는 일이었다. 행복했다. 하지 않으면 안 될 것 같은 벅참이 있었다.

문득, 내게 타이틀이 없다면 책 출간은 매우 어려워질 것이라는 생각도 들었다. 사실이었다. 사람들은 권위 있는 자의 거짓은 귀담아 들어도 무명인의 바른 소리에는 관심조차 없을 테니깐.

따라서 나도 사람들의 이목을 집중시킬 만한 뭐 하나는 가져야 했다. 그러나 내겐 아무 것도 없었다. 나 잘난 이야기는 물론이요, 극심한 가난이나 비참한 운명 속에서 살아본 적도 없는 평범한 인생이었다.

'그래. 공부해서 근일 저시르자. 내겐 그 길밖에 없다!'

다른 방도가 없었다. 수능이나 대입으로 사람들의 이목을 끌어 책을 펴내는 수밖에 없는 것 같았다. 결국 이렇게 난 '수능 대박'이라는 출판 타이틀을 새롭게 '만들어' 내야만 했다.

그렇다고 실력이 되느냐고 묻는다면 그런 것도 아니었다. 2학년 2학기 첫 모의고사 점수는 400점 만점 중 250점. 두 번째 모의고사도 이를 살짝 넘었는데 이는 반 일등보다 100점 이상 떨어진, 뒤에서 손꼽히는 점수였다. 그 당시 수능 만점이나 수석 입학이라는 나의 목표는 거의 불가능에 가까웠다.

나는 믿음으로 공부한다

나는 믿음으로 공부했다. 내가 수학능력시험에서 만점을 받은 것도, 연세대학교에 수석입학을 하게 된 것도 오직 주님의 도우심이 있었기에 가능했다. 나의 학업생활에 있어서 절대적으로 배놓을 수 없는 한 가지가 있다면 그것은 바로 나의 '신앙' 이라 하겠다. '여호와를 경외하는 것이 지혜의 근본이라.' 이 말씀을 붙들며 날마다 기도하고 공부했다. 하루에 3~4시간씩 자면서, 새벽 5시가 되면 무릎으로 주님 앞에 나아가 주님을 기쁘게 해 드렸다. 고3 수험기간, 내가 하나님 중심으로 공부할 때에 주님은 나에게 많은 지혜와 능력을 허락하셨다. 그분은 내게 공부하는 바른 길을 알려주셨고, 그 길로 곧장 나아갈 수 있도록 도우셨다.

윗글은 지난 2001년 2월 초, 훗날에 이렇게 책 서두를 시작하리라는 다짐으로 습작해 본 글이다. 400점 만점을 맞은 사람이 무려 66명이나 나왔던 작년 수능을 생각해보면 수능 만점과 연세대 수석이라는 내 목표 또한 충분히 가능한 일이었다.

연세대를 목표로 한 것은 다음 이유 때문이다. 먼저 책 출간이라는 프로젝트의 '발판' 삼고자 하는 마음이다. 당시 난 한국에서 알아주는 명문대를 가야만 사람들에게 영향력을 미칠 수 있을거라 생각했다. 또 목사의 꿈을 가진 내가 신학대학이 아닌 일반 대학교를 고집했던 것은 바로 캠퍼스 선교운동을 위해서였다. 특히 연대는 명문대학일 뿐 아니라 기독교 재단이며 신학과가 존재하기 때문에 일반 종합내학교이면서도 신학을 배울 수 있다는 장점이 있다. 그래서 난 선포했다.

기다려라, 연세대 신학과!

"하나님, 내게 주신 프로젝트— 그 놀라운 꿈을 품고 한 걸음 나아갑니다. 이 꿈으로 당신께 영광 드리고 싶습니다. 그러기 위해선 먼저 당신의 도우심이 필요합니다. 주님, 저를 꼭 연세대 신학과로 보내주셔야 합니다. 그리고 이왕이면 꼭 수석입학이나 수능 만점으로 합격할 수 있었으면 좋겠습니다. 이 모든 것이 주님 주신 꿈이니 당신이 친히 다 이루실 줄 믿습니다."

이제부터 나의 고3 수험생활을 시작하려 한다.
보다 생동감 있는 표현으로 그 시간들을 되살리고자
그간 써 두었던 믿음의 항해일지를 중심으로 풀어 나가리라.

그러나 나는 단순히 대학입시를 준비하는 한 사람의 공부과정이 아닌
꿈을 향해 도전하는 모든 이들이 알아야 할 믿음의 진리를 담고자 한다.
그래서 이 장에서는 수능 공부법보다 꿈을 이루는 과정에서 겪었던
하나님의 원칙과 방법을 중점으로 기록할 것임을 미리 밝혀둔다.

믿음의 항해일지 — 3월

🚢   2001. 3. 7.

오늘 원종수 권사님의 간증테이프를 들었다. 현재 미국 암전문의로 계시는 신실한 그리스도인, 원종수 권사님은 나도 명문 타이틀을 딸 수 있다는 자신감을 주신 분이다. 실제로 그분에게는 수많은 '수석' 타이틀이 있기 때문이다. 하나님이 주신 지혜로 공부하여 중하위권에서 전교 일등이 되었다던 그분의 책에는, 시험 볼 때마다 '교과서영상'이 떠올라 암기과목은 무조건 만점을 맞았다는 신기한 이야기가 있다. 그 간증 속에서 나 또한 하나님의 지혜로 받게 될 타이틀을 그려 보았다. 수능만점, 수석합격! 분명 내게도 그런 날이 오리라.

그렇다. 난 주님 안에서 모든 것을 할 수 있다. 이제부터 시작되는 수험생활 가운데 언제나 주님이 나와 함께하실 것이다.

'네 시작은 미약하였으나 네 나중은 심히 창대하리라!'

🚢   2001. 3. 28.

고3 첫 모의고사를 봤다. 모두들 스타트를 잘 끊고자 하는 열망으로 한동안 교실에는 긴장감이 나돌았다. 나도 지난 2월 모의고사에서 받은 270점에 이어 오늘은 기필코 300점을 넘으리라 다짐했다. 그러나 결과는 295점, 또 다시 반 평균에도 미치지 못하는 점수를 받았다. 이럴 수가… 지난번보다 무려 25점 올랐음에도 불구하고, 난 오히려 더 불안했다. 우리 반 일등은 370점인데…. 하지만 난 긍정적으로 바라보기로 했다.

'어쩌면 오늘 첫 모의고사에서 300점 못 넘은 것이 나중에는 자랑이 되리

라. 아직 3월이다. 막판에 기적 같은 역전승으로 멋진 타이틀을 만들어 주
님께 영광 돌리자!'

그러나 한 가지 정말 걱정되는 것은 점수로 날 판단할 친구들과 담임선생
님의 시선이었다.

'쟤는 죽어라 공부하는데 겨우 고것밖에 안 나오네? 에이 별 볼 일 없잖
아. 정말 실망인걸!'

다들 속으로 비웃을 것만 같았다. 지난 한 달간 나만큼 공부한 애도 없단
걸 모두들 알고 있으니 말이다. 제발, 오늘 결과만 가지고 날 판단하지 말
길…. 친구들아, 두고 봐라. 결국 난 꼭 해내고 말거야!

📅 3월의 이야기

'여호와를 경외하는 것이 지혜의 근본이라.'
'연세대 신학과! 간다면 간다!!!'

이것이 내 책상 위에 써놓은 문구였다. 난 정말 한 곳만 보았다.
다른 대학은 거들떠 볼 필요도 없다고 생각했다. 그리고 오직 믿음
으로 그곳에 가리라 선포했다. 입 밖으로 꺼낸 그 말은 곧 나를 지배
하기 시작했고 나 역시 한 순간도 그 약속을 잊지 않았다.

3월, 나의 수험생활은 참으로 치열했다. 먼저 하나님을 경외하는
마음으로 주님 앞에 나아가는 시간을 최우선에 두었다. 그래서 새벽
기도와 말씀묵상은 기본! 더 나아가 4시간 수면 생활과 소식 습관
및 군것질 자제, 세밀한 계획 작성 및 실천, 끊임없는 움직임과 적당

한 긴장유지, 항상 깨어 기도하는 마음 갖기— 이러한 삶의 기본자
세를 만들고 지켜 나갔다. 참으로 지독해 보이는 이 생활을, 난 공부
에 굶주려 왔던 지난 시간에 대한 보상인 듯 신나게 즐겼다. 그래서
이 모든 조건들을 충분히 만족시킨 하루를 보낼 땐, 나에겐 더 이상
하루가 24시간일 수 없었다. 나는 남보다 몇 배의 시간을 더 사는
승리의 기쁨을 만끽하곤 했으며 이는 분명 하나님이 주신 지혜와 능
력이었다.

믿음의 항해일지 — 4월

 2001. 4. 4.

오늘은 신우회 예배를 못 드릴 뻔했다. 2학년 후배들의 야외활동으로 장소를 구하지 못한 것이다. 그러나 그 순간 뇌리를 스치는 한 생각이 있었다.

1층 복도의자에 앉아 기타를 쳤다. 친구들이 하나 둘 모여들면서 예배는 시작되었다. 누가 와서 방해하지는 않을지 불안했지만, 우리는 끝까지 그곳에서 잊지 못할 예배를 드렸다. 정말 색다른 은혜 속에 드린 감동의 예배였다.

교실에서 누군가 그랬다. 고3인데 아직도 '맑은 소리' 활동을 하고 있냐고. 사실 지난 3월 중순에도 난 동아리 홍보를 주도했다. 그리고 앞으로도 한 달간은 신우회 인도를 더 해야 한다. 공부할 시간을 뺏기는 나도 마음이 편치만은 않다. 그러나 나는 믿는다. 이 모든 걸 아시는 주님이 결국에는 다 갚아주시리라고!

2001. 4. 10.

안 좋은 뉴스를 들었다. 지난번 수능이 너무 쉬웠다고 이번 수능은 좀 어렵게 출제할 거란다. 한 가지 특기로 대학 간다며 공부도 안 시켜놓더니만 이제 와서 시험을 어렵게 낸다니! 한 때 Rap으로 대학 갈 생각도 했던 내가 바보였다. 하지만 가만히 생각해 보았다. '주님이 주시는 지혜로 공부하는 나에게, 어려운 수능은 어쩌면 더 유리한 것이 아닌가?'

오히려 난 기회라 생각했다.

엄마는 크게 걱정하시는 눈치다. 이렇게 되면 재수생이 더 유리할 거라며, 학원 안 다녀도 괜찮겠냐고 물으셨다. 그러나 이제는 나만의 공부법이 있으니 혼자 공부하는 것이 더 좋다. 하나님의 지혜로 공부하는 것만큼 확실한 것은 없다. 아무리 수능이 어렵게 출제될지라도 난 기도와 노력의 힘을 믿는다!

믿음의 항해일지 — 5월

 2001. 5. 2.

엊그제 전국 모의고사, 이번엔 313점으로 지난번보다 18점 올랐다. 하지만 이 점수도 아직은 어림없다. 우리 반 일등이 379점, 무려 나보다 66점이 높다.

공부한 지 두 달이 되어도 변한 건 없다. 그리고 정말 짜증나는 건 죽어라 공부만 하는 나보다 놀면서 대충 공부하는 친구의 점수가 더 잘 나온다는 거다. 이건 정말 불공평하다.

또 요즘은 이런 내면의 소리가 들려와 매우 괴롭다.

'흥, 수석? 너 정말 웃긴다! 전국에서 머리 좋고 공부 잘하는 애가 어디 한 둘이니? 넌 어림도 없어.'

물론 나도 잘 안다. 그럴지만 하나님이 행히시면 못할 일도 없다는 것을 난 믿는다. 그러나 무언가 확실한 증표 없이는 이 믿음을 유지하기가 힘들 것만 같다. 아브라함이 기적 같은 아들을 얻기 전에 하나님의 약속을 먼저 받은 것처럼, 나도 먼저 분명한 하늘의 약속을 받았으면 좋겠다.

 2001. 5. 16.

5월의 바람은 참 좋다. 게다가 쉬는 날과 행사는 어찌나 많은지… 공부의 흐름을 확 깨 버리는 잔인한 5월이다. 온종일 엎드려 자는 친구들, 눈동자에 초점이 사라진 친구들, 또 늘어나는 학교 커플들… 역시 입시공부는 장기전인가 보다.

오늘도 자명종을 듣지 못해 기도하지 못하고 그냥 학교를 갔다. 며칠째 계속되는 일이다. 요즘 내 몸이 왜 이런지 모르겠다. 벌써 지쳐버린 건가? 난 정말 죽어라 공부만 하고 싶은데, 슬프게도 몸이 안 따라준다. 그래도 다행인 건 아직까지 나만큼 열심히 하는 애는 없다는 것. 솔직히 그 자존심 하나로 살아간다.

믿음의 항해일지 — 6월

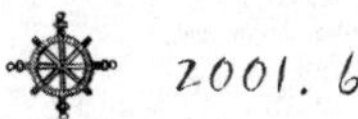 2001. 6. 12.

요즘 들어 통증이 더 심해졌다. 또 자꾸 큰 한숨만 쉬게 된다. 정말 답답하고 미치겠다. 내가 너무 무리하는 건가. 아닌데… 난 이게 더 좋은데… 아니 지금 난 꼭 이래야만 하는데…. 그러나 몸이 따라 주질 않으니 힘들기만 하다.

되돌아보면, 그래도 많이 느슨해졌다. 휴식도 중요하다는 걸 깨닫게 된 것이다. 아니 솔직히 말해서, 이제는 죽어라 공부하는 것이 오히려 날 비참하게 만든다는 것을 절실히 느낀다. 어차피 그만큼 오르는 것도 아니고, 점수가 안 나올 땐 나만 더 불쌍해지니 말이다. 그래서 이젠 좀 여유 있게 공부하는 척 한다.

쉬는 시간에도 가능한 참고 푹 쉰다. 괜히 화장실 한 번 더 가고 친구들과 잡담하거나 엎드려 있고… 사실은 공부하고 싶어 미치겠는데 참고 쉬어야 하는 그 심정, 과연 누가 이해할 수 있을까? 아 빨리 이 부끄러움에서 벗어나고 싶다.

2001. 6. 15.

327점, 어이가 없었다. 난 떨어졌는데 평소에 잘 놀던 저 친구는 오르다니… 정말 억울했다. 많은 친구들이 내 점수를 물었다. 난 힘없이 저번 점수랑 비슷하다고 했고, 친구들은 의아해했다. 내게 실망한 것 같아 나도 괜히 더 분했다.

예전에는 점수에 목숨 거는 친구들이 참 한심했다. 그러나 언제부터인가 나도 그런 한심스런 사람이 되어버렸다. 모의고사 점수는 신경 쓰지 않겠다

"

고 누누이 다짐했건만, 막상 결과 앞에서 난 그렇지 못했다. 사람들에겐 얼마큼 공부했냐 보다 지금 몇 점을 받았느냐가 더 중요했으니깐. 그리고 나 또한 그런 사람들의 시선들을 벗어날 수 없었으니 말이다.

이대로 포기해야 한단 말인가! 내 점수로는 분명 무리였다.

'하나님, 너무 하십니다. 제가 주님을 위해 공부하는 거 다 아시잖아요, 네?' …힘들었다. 기도로 시작하지 못한 하루라 더 그랬다. 찬양을 들으며 주님의 뜻을 구했다. 그러자 문득 이런 생각이 들었다.

'고난 없는 성공은 없다고 했어. 나도 요셉처럼 참고 인내하며 더 기다려야 해. 이게 다 나를 위한 하나님의 훈련일거야.'

이어서 바로 내 마음에서는 이런 하늘의 소리가 들려오는 듯 했다.

"내 아들, 경헌아… 나를 원망치 않고 먼저 내 뜻을 헤아려 보는 네가 참 기특하구나. 내가 너의 수고를 모두 알고 있다. 그러나 기다려라, 아직은 때가 아니라."

믿음의 항해일지 — 7월

2001. 7. 12.

어제는 기도하는데 눈물이 막 났다. 다음날 시험도 자신이 없어 그냥 주님이 알아서 해 달라고 기도했다. 며칠째 흐트러진 수험생활, 그만큼 내 마음도 무거워진 상태였다. 그렇게 오늘 1학기 마지막 모의고사를 봤다. 1, 2교시 모두 어렵게 시험을 치렀고, 3, 4교시도 그럭저럭 보는 바람에 큰 기대는 없었다. 그런데 점수는 346점이 나왔다. 어쩌면 이번에도 나를 더 낮추실지 모른다는 마음의 준비를 해두었으나, 주님은 그렇게 하지 않으셨다. 오히려 저번보다 20점 좀 못되게 오른 점수를 받게 하셨다. 들뜬 마음에 학교를 나선 뒤 친구들과 노래방에 갔다. 수험기간 중 처음이자 마지막 유흥이었다.

그러나 집에서 검토하는 중에 채점 실수를 발견했다. 오 이런! 6점이 감점되어 340점이다. 겨우 10점밖에 안 올랐다니, 다시 마음이 찜찜해졌다. 세상의 놀이문화로 기분을 풀었던 나를 질책하시는 하나님의 손길 같았다. 흠, 어쨌든 340점이다. 내게 용기는 더하시고 그렇다고 자만하지는 않게 하신 하나님께 감사드린다. 어제의 기도를 들어주심도….

2001. 7. 29.

요즘 괜히 마음이 설렌다. 누군가를 향한 마음… 정말 오랜만에 찾아 온 애틋한 감정이다. 아, 내가 정말 그 애를 좋아하는 걸까?

지난 주에 예진(가명)이가 우리 교회 수련회에 따라왔다. 함께 은혜 받고 돌아오는 길, 내가 연대 신학과에 가고 싶다고 말했더니 예진이는 갖고 있던 연세대학교 배지를 내게 줬다. 얼마나 좋던지 바로 가방에 달았다.

예진이는 참 착하고 신실한 친구다. 얼마 전 고3 아침예배를 드리자고 먼저 제안했던 우리 '맑은 소리' 멤버이기도 하다. 평소에도 참 괜찮다고 생각했었는데 이젠 그 이상의 감정인 것 같다. 그리고 왠지 더 좋아하게 될 것만 같다.

하지만 수능 전까지는 아니다! 지금 난 공부에만 집중해야 한다! 목표를 이루고 난 이후에나 좀 생각해볼까나. 흠, 어쨌든 이렇게 연대에 가야할 또 하나의 이유가 생겼다. 바로 예진이가 내게 준 선물에 대한 보답!

"예진아 고마워."

D-Day 수능, 100일간의 기록

■ D-100의 기도문

주님, 오늘밤은 100분간 기도할겁니다. 수능이 딱 100일 앞으로 다가왔거든요. 남들은 백일주 마신다고 놀러 나갔지만, 저는 주님께 더 특별한 시간을 드리고 싶어요. 하나님 아버지, 감사합니다. 저에게 이런 소중한 꿈을 주시고, 그 꿈을 이루어 가도록 붙드시는 것… 참, 주님! 방학 시작부터 지금까지 1시간씩 기도하며 성경말씀 봤잖아요. 그러니깐 하루에 1점씩, 방학 후에는 적어도 30점 이상 올릴 수 있도록 해주세요. 이제 다가올 2학기부터는 당신의 능력을 보여주셔야만 합니다! 주님을 믿습니다. 아멘.

■ D-82

2학기 첫 모의고사, 시험이 끝났을 때 난 느낌이 정말 좋았다. 친구들은 어려웠다고 난리였지만, 적어도 난 20점 이상 오른 것 같았다. 그도 그럴 것이 오늘이 바로 지난시간 동안 믿고 기도했던 모의고사 30점 상승의 날이기 때문이다. 정말 그만큼 오를까? 반신반의하면서도 난 설렘으로 기다렸고 또 이를 친구들에게 자랑할 준비도 했다.

그러나, 채점결과는 326! 더 떨어진 점수에 할 말을 잃었다. 예상대로라면 기본 360점은 가뿐히 넘어야 했는데 말이다.

그럼 지난 한 달간 눈물로 기도하며 공부했던 시간들은 대체 무엇이었단 말인가. 누군가는 내 노력을 알아주길 원했고, 기도의 응답으로 하나님을 자랑하려 했으며, 이를 통해 친구들이 주님을 믿게 되길 바랐던 것이었는데… 이 모든 것이 무너져 내렸다.

이해할 수 없었지만 그렇다고 주님을 원망할 수도 없었다. 분명 무언가 다른 선한 뜻이 있을 법한데, 내게는 숨겨 두신 것 같았다.

"아, 하나님… 제가 교만해서 입니까? 더 낮아져야만 합니까?"

전에는 그래도 긍정적으로 생각하려 노력했었다. 그러나 이번에는 달랐다. 절망이란 두 글자 외에는 떠오르는 것이 없었다. 난 꿈과 현실의 크나큰 격차를 바라보면서 좌절감이 진정 무엇인지도 알게 되었다. 오직 하나님 한 분만을 바라보며 공부했는데… 이제껏 이 험한 길을 죽을 힘 다해서 뛰어왔는데… 이젠 나 홀로 벼랑 끝에 서 버린 느낌이었다. 누가 붙잡아 주지 않으면 난 저 밑바닥으로 떨어질 것 같았다.

누군가에게 기대고 싶었다. 늘 침묵만 지키시는 그분 말고, 내게 어떤 말이라도 해줄 수 있는 사람을 원했다. 그래서 예진이에게 내 힘든 상황을 적어 E-mail로 전했다.

■ D-79

예진이에게서 답 메일이 왔다. 그리고 오늘 쪽지도 건네받았다.

"모든 것을 내어 드리렴. 그분은 네 마음의 소원을 다 아시는 분이니 결국은 널 가장 좋은 길로 인도하실 거야. 그리고 아브라함이 자신의 아들, 이삭까지 내어드렸던 순종의 마음을 갖길 바란다. 또 너의 뜻이 아닌 주님의 뜻을 기대하며 모든 결과에 순종하는 네가 되었으면 좋겠어."

주님은 정확히 말씀하셨다. 주님께 온전히 맡기지 못하고 결과에 순종치 않았던 내 모습을 말이다. 이렇게 예진이의 메일은 내게 기대 이상의 위로와 깨달음을 가져다 주었다.

■ D-77

예진이에게 메일을 보낼 때, 난 혹시나 또 다른 도움을 얻을 수 있을까싶어 김 전도사님께도 같은 메일을 보냈었다. 그리고 며칠 뒤 날아온 다음의 회신은 내게 새로운 충격을 주었다.

경헌아, 정말 해 줄 말이 많구나.

너에게 꼭 필요한 말인데… 네가 잘 이해할지는 모르겠다.

한 마디로 하나님은 너를 통해 영광 받으실 필요가 없으신 분이시다,

네가 잘돼서 네가 하나님께 영광 돌리는 것이 그분에게는 필요치 않으

시다,

예수님이 기도하실 때,

'이제 나를 영화롭게 하사 아버지를 영화롭게 하옵소서'

기도하실 때는 십자가를 지시기 바로 전이었다.

완전히 죽어야 부활이 있다.

완전히 죽어져야 하나님의 권능이 비로소 나타날 수 있다.

내가 영광을 받고 그것으로

하나님께 영광을 돌리는 것은 하나님의 방법이 아니다.

그것은 오히려 사단의 방법이라고 말할 수도 있다.

내가 죽고 하나님이 높아지시는 것, 그럴 때 하나님이 나를 높이시는 것,

그것이 하나님의 방법이다.

가인은 자신의 제사가 영광스럽게 받아들여짐으로

하나님께 영광 돌리길 원했다.

그의 기준으론 자신의 제사가 분명히 받아들여져야 했다.

그러나 그렇게 되지 않자 가인은 하나님께 분노하게 되었다.

성경에는 분명히 그렇게 나와 있다(창 4장).

자신의 기준으로 하나님께 제사를 드리는 것은 가인의 제사다.

이만하면 됐다는 생각… 꼭 받으셔야 된다는 생각….

아무리 열심히 노력했어도

하나님은 가인의 제사가 필요한 분이 아니라는 것을 알고,

이것이 온 우주의 하나님께 얼마나 되겠느냐고 겸손히 드릴 때….

하나님은 그것을 흠향하시고 놀라운 기적을 베푸신다.

내가 아무리 열심히 노력했다고 해도 나는 죽어지고

그분 앞에 겸손할 때 그분이 비로소 역사하신다.

경헌이의 이야기를 들을 때 나는 내 고3 시절의 모습을 보는 것 같았다.

입시에 실패하고 절망하고 있을 때,

하나님은 내 제사를 왜 받지 않으셨냐고 울부짖는 나에게

가인의 제사였음을 가르쳐 주셨다.

나는 그것을 인정하기 싫었지만, 그것을 인정할 수밖에 없었다.

나는 철저히 그분 앞에서 낮아질 수밖에 없었다.

그때부터 하나님은 나를 높이시기 시작했는데,

성적이 뛰기 시작했고, 수많은 기적들을 체험하게 되었다.

공부하지 않고(않한 것이 아니라 교회일 때문에 못한 것) 운전면허 시험 통
과하기(80점 턱거리), 입사 시험/면접 기적적 통과하기(미리 면접내용을 하
나님이 가르쳐 주심), 그룹연수에서 차석하기(실제론 수석), 신학대학원 한
달 반 공부하고 들어가기(보통1년, 서울대 졸업생들도 반 이상 떨어짐, 경쟁
률 6 대 1) 등등 그 이후로 나는 믿음으로 공부하는 것이 무엇인지 알았단다.

경헌아, 네가 내 말을 잘 이해해야 한다.

네가 잘 이해한다면 믿음으로 공부한다는 것이 무엇인지 알게 될 거다.

앞으로는 더 열심히 기도하면서 공부하고

하나님이 받으셔야 된다고 강요하지 말고

겸손히 하나님의 역사하심을 기대해라.

설령, 그분이 받지 않으신다고 해도 감사해야 한다.

네가 철저히 죽게 되고 그분 앞에 낮아지게 되면 그분이 널 높이신다.

주님은 너를 높이시기 위해 그것을 기다리신다.

네가 진실로 전능한 하나님을 믿는지를 다시 돌아보고 믿지 못하게 하는

모든 부정적인 생각들과 사탄의 공격들을 잘 방어해야 한다.

절대 악한 영에 지지 말고 믿음으로 계속해서 정진해라.

부정적인 생각들을 떨쳐버려라. 설령 지금 점수가 나오지 않았다고 하더라
도 믿음으로 좋은 점수를 받은 것으로 생각해라. 그리고 감사해라. 그리고
더 철저히 자신을 거룩케 하며 기도하며 매달리고 공부하고 지혜를 구해

라. 내가 영광을 받고 그것으로 하나님께 영광을 돌리겠다는 생각을 버리고 하나님만이 영화롭게 되길 소원하며 겸손하게 너의 것들을 하나님께 돌려라.

겸손하게 그분의 손에 들려질 때 기적은 일어난다.

하나님은 능치 못할 일이 없으시다.

하나님은 전능하시다.

화끈 달아올랐다. 마치 내 속을 환희 비추는 거울을 들여다보는 것 같았다. 그 속에서 난 보았다. '오직 하나님께만 영광'이라 포장된 내 꿈의 껍질 속에 '나에게도 영광'이란 시뻘건 욕망의 알맹이가 감춰져 있음을. '겸손한 마음'이란 하얀 이름딱지 뒤에 새겨져 있는 '은밀한 교만'을 말이다.

가만히 알맹이를 들추어 보았다. 솔직히 난 하나님의 영광과 그 뒤로 내게 돌아올 영광까지도 구하고 있었다. 하나님이 원하시는 길이라 믿으면서도 내가 세운 목표를 이루기 위한 욕심이 숨어 있었다. 사실 그건 나만의 야망일 뿐이었다. 즉 과시욕과 성취욕, 또 그에 따른 만족감을 원했던 것이다.

이번엔 은밀한 교만의 흔적들을 살펴보았다. 전에는 잘 몰랐지만 하나님의 기준에서 볼 때 나는 참 교만했다. 내 생각과 기준으로 목표를 세우고 하나님께 그것을 이뤄달라고 강요했던 기도, 하나님의 뜻을 깊이 묵상하기보다 짧은 내 생각으로 그분의 능력을 제한했던 모습, 이것이 바로 하나님보다 나를 더 우선시했던 교만이었다.

순간 두려웠다. 몸서리치게 떨려왔다. 그 즉시 무릎을 꿇었다. 머리를 바닥에 파묻었다. 완전히 패배한 모습, 두 손 들고 항복하는 마음으로 그분 앞으로 나아가기 시작했다.

진실한 겸손과 온전한 순종 그리고 완전한 인내. 기도하는 내내 주님은 내게 이 세 가지를 말씀하셨고, 나는 이제 주님이 원하시는 것이 무엇인지를 분명히 알게 되었다.

■ D - 64

'믿음의 기도'란 주님의 뜻에 모든 것을 맡기는 기도다. 내 뜻의 믿음을 강요하는 것은 내 욕심일 뿐 진정한 믿음이 아니다. 하지만 지난 시간동안 난 내 뜻만 강요하는 기도를 드리면서 주님이 내 기도를 듣지 않으신다고 불평만 늘어댔었다.

그러나 이젠 달라졌다. 겸손히 수님의 뜻을 구하고 주시는 결과에 순종하며 또 그분이 이루실 때까지 인내하는 '진정한 믿음의 공부'를 하고 싶었다. 남은 기간에는 오직 말씀과 기도 가운데 공부하고 싶었다. 그래서 며칠 전 자율학습 열외를 허락해 달라며 교무실을 찾았지만 선생님은 도저히 이해할 수 없다 하시며 쉽게 허락지 않으셨다. 그러던 오늘, 내가 세 번째로 찾아가 다시 부탁드렸더니 선생님께선 "그래, 네 인생이니깐 네 마음대로 해라."하셨다. 난 머지않아 선생님도 크게 놀라게 될 날이 오리라 믿으며 미소를 머금고 교무실을 나섰다.

■ D - 47

　오늘은 326점, 저번 점수 그대로다. 오르지도 않고 떨어지지도 않는 이 정체현상이 얼마나 더 계속될지 모르겠다. 이번엔 뭔가 다르겠지 기대했는데… 솔직히 주님께 좀 섭섭했다.

　그러나 그 순간, 이건 '하나님의 테스트(Test)'란 생각이 들었다. 주님은 정말 내가 '모든 결과에 순종'하는지를 확인하고 싶으셨던 것 같다. 난 잠시 섭섭했던 그 마음을 들켜 버릴까봐 재빨리 그 마음을 접었다. 그리고 기도했다.

　"주님, 주신 결과를 인정하고 순종합니다. 마지막에 승리를 안겨 주실 주님을 기대하며 끝까지 인내하겠습니다. 저를 잠시 만지시는 중임을 잊지 않겠습니다. 그래서 어떠한 일이 있더라도 또 다시 당신 앞에서 불평하거나 당신께 나의 뜻을 강요하는 행동은 하지 않겠습니다. 오직 주님 한분만을 신뢰합니다."

■ D - 33

　10월 첫 모의고사, 또 다시 328점. 벌써 5번째다. 330점이 내 점수의 한계선인가, 7개월 동안 단 한번 넘어봤다.

　지난 1학기 초, 선생님들이 초반 점수가 수능까지 갈 거라고 말씀하실 때 난 말도 안된다며 속으로 비웃었다.

　그러나 수능이 한 달여 남은 이 시간, 그 말이 다시금 떠올랐다. 그리고 곧 현실이 되어가는 것만 같아 매우 불안해졌다.

　사실 목표는 오래전에 낮췄다. 이젠 수능만점이나 수석합격이 아닌 그저 연대 합격이 내 목표다. 그런데 지금 내 점수는… 솔직히 서울에 있는 대학에 들어가기도 아슬아슬한 수준이다.

이제는 익숙한 듯, 오늘 채점 후 비탄해 하는 마음은 없었다. 다만 좀 아쉬웠을 뿐… 그저 담담했다. 아직도 때가 아닌가 보다. 더 기다려야 하나 보다. 끝까지 순종하며 인내해야지. 기약 없는 날만 초조하게 기다리는 내 마음, 그래도 주님만은 아시겠지….

■ D-12

그토록 고대했던 일이 내게 벌어졌다. 누구도 생각지 못한 일, 역시 우리 주님은 막판에 기적 같은 역전을 이루셨다. 할렐루야!

오늘 365점이란 점수를 받고, 난 흥분을 감출 수 없었다. 처음으로 수능 1등급(전국 상위 4%이내)을 받았고 반 등수와 전교 등수도 예전에 비하여 크게 뛰었다.

말할 수 없이 기뻤다. 온 세상을 다 얻은 것 같았다. 한번에 35점이 오르는 기적, 친구들도 놀라고 나도 놀랐다. 게다가 시험만 잘 본 것이 아니라 주님은 이를 통해 나의 마음까지 만져주셨다.

억울하고 아팠던 기억들이 한꺼번에 씻겨 내려갔다. 집에 가서 기도하며 공부한다고 욕먹고 무시 받았던… 공부해도 점수 안 나오는 애로 찍혀버렸던… 쓰라린 내 상처들이 싹 아물었다. 또한 걱정과 불안에서 벗어나 할 수 있다는 자신감으로 충만해졌다.

왜 지금에서야 날 높여주셨는가… 생각하던 중에 주님이 깨닫게 해주셨다. 내 모든 걸 다 내려놓을 때까지 기다리셨다고.

그렇다! 그동안 내 마음 은밀한 곳에서는 '내가 이렇게 기도하니 이제는 높여주시겠지?' 하는 욕심이 남아있었다. 그리곤 점수가 그대로이자 이런 의문을 품곤 했었다.

'어? 이상하다. 난 겸손하게 기도했는데… 그럼 당연히 올려주셔야 하는 거 아닌가.'

그렇게 결과를 미리 예상해 놓고 조건만 채우면 다 될 거라고 착각하며, 또 다시 욕심을 가지고 있던 나. 끝까지 내 모든 걸 내려놓지 못해 혼자 씨름하다가, 어느 순간 힘이 빠져 그 욕심마저 놓치고 말았다.

"주님, 연세대 못 가도 좋습니다. 재수를 해도 좋습니다. 그리고 프로젝트의 꿈, 만약 주님의 뜻이 아니라면 포기하겠습니다. 오직 당신의 뜻에만 나의 모든 길을 맡깁니다."

결국 난 이런 기도를 드리게 되었고, 이러한 믿음의 고백이 주님을 기쁘게 해 드렸던 것 같다.

이제 마지막 모의고사만을 앞두고 있다. 아무 것도 두렵지 않다. 그날에 이루어질 또 다른 기적을 기대해 본다.

■ D - 8

마지막 모의고사 날.

지금까지의 모의고사 중 최고의 점수를 받았다. 바로 369점!! 수리영역에서 정말 어처구니없는 계산실수 2문제로 375점까지 맞을 수 있었던 절호의 기회를 놓친 것 말고는 말할 수 없을 정도로 행복한 하루였다. 어쨌든 지난번의 점수가 우연이 아니었음이 입증되었다(마지막 모의고사라고 문제가 쉬웠던 것도 아니었다. 오히려 어려워질 수능을 대비한 모의고사였다). 선생님과 친구들이 또 한번 놀랐다. 무리

한 목표가 아니냐며 꼬집었던 그들도 이젠 날 보는 시선부터가 달라졌다.

아, 손꼽아 기다렸던 그날이, 오지 않으면 어쩌나 걱정했던 그날이 결국 내게 온 것이다. 오늘의 이 기분을 어찌 다 말로 표현할 수 있을까! 그러나 무엇보다 감사했던 것은 완전히 나를 포기했을 때 나타나는 주님의 능력— 그 귀한 깨달음의 진리를 선물 받은 것이다.

난 이제 어느 것도 부럽지 않다. 내 삶을 통해 직접 깨닫게 하신 하나님의 법칙, 그것만으로도 이미 난 모든 것을 얻은 것만 같았다.

■ D-1

아 드디어 내일이구나! 밤마다 하늘을 향해 "주님 언제까지 기다려야 합니까?"라고 외치던 때가 엊그제 같은데… 내일이 바로 그 기다리던 결승선을 끊는 날이구나!

지금 이 상태로만 나간다면 이제 연대는 어렵지 않다. 만약 2001년 수능시험을 봤더라면 380점(연대 커트라인) 정도는 무난하게 나올 수 있을 것 같다. 다만 조금 불안한 건, 이번 2002 수능시험은 작년보다 어렵게 출제되리라는 점인데 그래도 다들 지난번보다 약간 어려운 정도로만 추측하고 있다. 에이, 시험이 쉽건 어렵건 나와 무슨 상관이 있는가! 지금까지 함께하신 주님이 내일도 나와 함께하실 것을 믿기에 난 걱정 없다.

"주님 당신을 믿습니다. 그리고 기대합니다!"

제4장

The Break
그분이 나를 깨뜨리시다

쾅 쾅 쾅, 한 번, 두 번, 세 번….
그리고 또 한 번의 쾅— 정말 이상했다.
내 생각으로 이제는 날아오를 시간이었다.
.
.
그러나 난 저 밑바닥으로 내리 치닫고 있었다.
크고 단단한 망치로 두들겨 맞으며—
그렇게 나의 모습은 산산조각 깨어지고 말았다.
.
.
주님의 손—
따뜻하고 포근한 줄로만 알았던 그분의 손이
이번에는 나를 깨뜨리시는 대장장이의 손이 되었다.

충격! 오 이럴 수가

제 1교시 '언어영역' 이 시작되었다.

시험지를 받고는 먼저 주님의 도우심을 구했다. 그리고 한 문제 한 문제를 신중히 풀어나갔다. 시간가는 줄도 모르게 열중하고 있는데, 갑자기 10분 남았다는 감독관의 지시가 들려왔다.

'헉! 벌써? 10분?? 난… 아직 4지문이나 남았는데… 하나님 이게 어찌된 일이죠. 지금 상황으론… 도저히 불가능한데요….'

우선 급한 대로 마킹용 펜으로 바꿔 잡았다. 가슴이 '쿵쾅쿵쾅' 뛰기 시작했다. 아무리 지문을 뚫어져라 쳐다봐도 도대체 머리에 들어오는 게 없었다. 9분 동안 1지문 4문제만을 대충 보고 풀 수밖에 없었고, 또 자신 없었지만 그걸 답안지에 옮겨야만 했다.

마감시긴 1분 진, 다급했다. 3지문 14문제….

오 이럴 수가! 어쩔 수가 없었다. 이제는 완전히 찍어야만 했다!! '주님, 제발 찍는 것도 다 맞게 해주셔야 해요. 꼭이요….'

기도하며 내 손이 가는 방향을 믿었다. 선택답안 1번부터 5번까지 자유자재로 찍어버렸다.

'망했다… 1교시부터 끝장났구나.'

막상 닥쳐버린 이 시간 난 극심한 허탈과 좌절의 순간을 맞이하고 있었다.

쉬는 시간, 친구들을 찾아다녔다. 모두가 갑자기 어려워진 시험에 당황해 몇 문제씩 찍었다고 분을 토로했다. 조금 위로가 될 뻔했다. 얼마나 찍었냐는 내 물음에 1지문 또는 2지문이라는 한결 같은 대답을 듣기 전에는! 또 나처럼 완벽히 찍은 것이 아닌, 조금이나마 지문을 이해하고 찍었다는 것을 알았을 땐, 순간 포기하고 싶은 충동이 몰려왔다. 교실을 뛰쳐나가고 싶었다. 하지만 그럴 용기도 없었고 그래선 안 된다는 것도 잘 알고 있었다. 그저 모두 잊어버리는 수밖에 없는 듯 했다.

2교시 수리영역도 어려웠다. 계산 실수는 안하리라 마음먹고 신중을 기했다. 그러나 몇몇 까다로운 문제는 찍어야 했다.

점심시간, 마음이 불편해서 아무것도 할 수 없었다. 괜히 수능 출제 위원들에게 심술이 났다. 우린 너무 억울한 학년이란 생각만 자꾸 들었다.

다시 3교시 사회탐구와 과학탐구 시간.

2시간에 걸쳐 보는 장시간 시험이었다. 평소에는 시간이 남아 검토까지 했지만 이번엔 달랐다. 간혹 쉬운 문제도 보였지만 대부분 새로운 유형과 꼬아서 낸 문제들, 그리고 정말 자잘한 문제도 있었다. 확신 없이 몇 문제를 찍긴 했지만 그래도 시간에 맞춰 모두 풀어낼 수는 있었다.

마지막 4교시 외국어 영역.

이때만큼 혼란스러웠던 적도 없었다. 제2외국어 시험을 제외한 마지막 시험지라는 점과 앞선 교시의 충격적인 문제들. 또 그동안의 기대가 한순간에 무너지는 좌절감. 어디 그뿐이랴. 힘들게 공부했던 그 시간 속 내 노력과 눈물의 기억들이 되살아나 더욱 날 어지럽게 만들었다. 지문을 독해하려면 이런 잡념들이 먼저 떠올랐다. 정말, 정말 미칠 지경이었다.

시험이 모두 끝났다. 교문을 나서는 발걸음들이 천근만근 무거워

보였다. 너도나도 재수할 거라고 난리였다. 그런데 참 이상했다. 목
표는 이미 물 건너갔는데도 마음만은 한결 후련해졌다. 지난 1년간
의 내 모든 노력들이 한순간에 허사로 끝나버린 느낌을 지워버릴 수
없었지만, 이제는 정말 주님께 모두 달렸구나 생각하니 차라리 마음
이 편안했다.

아직은 포기할 수 없다!

　　다음날, '예상점수 310점'을 확인하고는 서둘러 학교에 갔다. 모두들 아직 충격에서 헤어나지 못했다. 교실 초토화? 아마 이 표현이 적당할 것이다. 못 믿겠다며 몇 번이고 다시 채점해 보는 친구들, 함께 재수하자며 손을 맞잡는 친구들, 딴 학교 상황을 알아보려고 수화기만 붙들고 있는 선생님들, 심지어 엉엉 크게 우는 친구들까지. 전에는 볼 수 없었던, 참으로 침울한 모습들을 연출하고 있었다.

　　조심스레 친구들의 점수를 물었다. 최고 360점 밑으로 350점, 330점, 320점 사이사이… 내 위로 줄이어 10명은 넘게 있었다. 아니 이럴 수가! 제대로 뒤통수를 얻어맞았다. 잘하던 친구들은 역시나 점수도 많이 안 떨어졌다. 막판 모의고사가 나와 비슷했던 친구들은 330점대를 맞았고, 또 그때 나보다 30점 뒤졌던 한 친구는 10점 이상 날 앞서고 있었다. 모두가 다 떨어졌다고는 하지만 상대적으로도 난 남보다 더 떨어진 것이 분명했다.

　　언론에서는 널뛰기씩 고난이도 수능시험을 질타하며 전체평균이 작년보다 50점 이상 떨어지리라 전망했다. 그러나 그 속에서도 난 320점이면 연세대 하위권 학과에 도전해 볼만하다는 희망의 기사를 찾아낼 수 있었다.

　　흠, 320점이라…. 찍은 게 생각보다 많이 맞을 경우, 또 아직 논술고사와 면접이 남았다는 걸 감안하면 아직 가능성은 있었다.

　　'성적표가 나오는 다음 달까지 또 어떻게 참고 기다릴까? 주님은

정말 마지막에 기적을 보여주시려는 걸까?'

조금 섭섭했지만 한 고비를 지날 때마다 기적은 더 커져갈 거란 믿음으로, 지금까지 그래왔듯 조금 더 기다리기로 했다.

저버릴 수 없는 내 안의 갈망. 오직 그날만을 기다리는 초조한 기대. 게다가 점차 커져만 가는 갈급함은 또다시 날 힘들게 했다. 그래서 누군가에게 기대고 싶었나보다. 어느 순간 메일박스에 온통 예진이의 편지로 가득 찬 것처럼, 내 마음속에도 예진이를 향한 마음으로 가득하다는 걸 알게 되었다. 그러나 아직은 때가 아니라고 누누이 제지하며 내 마음을 다스렸다. 아니, 생각조차 안하려고 애를 썼다. 곧 행동으로 이어질까 두려웠기에 말이다.

최고의 대학?!

 마침내 다가온 성적표 나오는 날.

'과연 몇 점이 올랐을까? 혹시 떨어지지는 않았을까?'

떨리는 마음을 달래며 성적표를 폈다. 그리고 각 영역별 점수를 합산해보니, …301.5점이었다. 가슴이 쿵하고 내려앉았다. 오르기는커녕 더 떨어진 점수에 달리 할 말이 없어졌다.

'이제 어떻게 하나, 다시 공부해야 하나.'

마지막 남은 희미한 불씨마저 꺼져버렸다. 친구들도 다들 가채점보다 더 낮게 나왔단다. 그러나 이젠 남들과의 비교도 아무 의미가 없지 않은가.

집으로 가는 길, 또다시 깊은 생각 속에 빠져들었다.

'그분의 뜻은 무엇일까? 다른 이들의 간증처럼 특별한 기적이라도 행하여 주실 줄 알았는데… 왜 내겐 없었을까?'

솔직히 무척이나 아쉽고 섭섭했다. 그러나 어떠한 결과에도 순종하겠다는 지난날의 결단이 떠올라 거기서 멈추었다.

그러던 어느 순간, 번득 뇌리를 스치는 것이 있었다. 지금까지 난 하나님의 눈, 하늘에서 이 세상을 바라보시는 그분의 안목을 놓치고 살았다는 것을 불현듯 깨닫게 되었다. 그리고는 하늘에서 들려오는 그 소리에 내 영혼의 귀를 기울였다.

"경헌아, 내 눈은 세상이 보는 관점과 다르단다. 사람들은 서울에 있는 일류 명문대만을 바라보며 내게 기도를 하지. 하지만 난 그런 대학들이 특별히 대단하다고 여기지 않아. 난 그보다 각 학교의 영적인 흐름과 내 사랑하는 자녀들이 훈련되고 준비할 그 예비된 환경을 살펴본단다. 애초부터 최고의 대학이란 없어. 다만 각 사람에게 맞는 최고의 대학이 있을 뿐이지. 내가 너에게 최고의 대학을 약속하마. 나를 믿으렴."

하… 하지만 책 쓰는 프로젝트는… 어쩌지요? 목표를 이루지 못하면 내 책은 이 세상에 나올 수 없는 거 아닌가요?

"모두 다 내게 맡기렴. 너도 지금까지 그렇게 기도했잖니?"

…네, 주님!

순간 방향을 틀었다. 선교센터로 발걸음을 돌렸다. 선교사님을 통해 보다 확실히 알게 될 것 같았다(백신고 신우회를 통해 알게 된 분으로 이후로부터 지속적인 만남을 통해 영적인 교제를 나누고 있다). 센터에 가까워질수록 내 걸음도 가벼워졌다. 내 마음에 있던 무거운 '불평불만' 대신 '감사의 마음'이 그 자리를 차지했기 때문이리라.

"네 주님, 300점이라도 넘게 해주시니 감사합니다. 점수는 떨어졌지만 당신은 그보다 더 귀한 깨달음을 주셨습니다. 이젠 주님이 주시는 최고의 대학을 바라보며 기다리겠습니다!"

선교센터, 지난 9·11일 미국 테러가 발생한 날, 전 세계를 품고 깨어 기도하라고 하나님이 주셨다는 그 건물. 그리고 힘들게 이사한 그날 밤부터 세계를 위해 힘써 기도하실 수밖에 없으셨다는 선교사님. 그곳에서 난 항상 새로운 도전과 뜨거운 마음을 받고 돌아오곤 했다. 그리고 그날도 다르지 않았다.

어떤 대학이 내게 주실 최고의 대학일까 고민하던 중 선교사님이 또다시 연세대 원주캠퍼스를 말씀하셨다. 참 신기했다. 전에는 서울에 있는 대학이 아니라는 이유 하나만으로 거들떠보지도 않았는데… 왜 이제야 갑작스레 내 마음을 끄는 것일까? 찬찬히 학교 홈페이지를 살펴보았다.

사실 고2때까지만 해도 난 한동대학교 팬이었다. 설사 서울대에 붙을지라도 난 한동대에 가겠노라 다짐했을 정도였다. 세계를 향하여 나아가는 하나님의 대학이라는 설립이념과 이를 위한 준비된 교육환경이 내 마음에 쏙 들었기 때문이었다. 그런데 왜 지금 내 눈에는 원주캠퍼스가 그러한 한동대와 비슷해 보이는 걸까.

영어와 컴퓨터에 대한 확실한 교육제도, 프로젝트와 공부에 전념할 수 있는 기숙사 생활, 믿음의 씨앗이 뿌려져야 할 황무지 같은 원주 땅과 많은 영혼들, 한눈에 반해버린 아름다운 자연경치와 주변 환경… 마치 이 모든 것들이 날 위해 마련된 것 같았다.

'그래, 여긴 확실히 주님이 주신 최고의 대학이야.'

간신히 300을 넘은 내 점수(수능 2등급, 전국상위 약 9.8%). 사실 이 점수로는 서울소재 중위권 대학 이상은 어려웠다. 따라서 만약 내 점수가 더 높았더라면 집에서는 날 서울의 아무 대학이나 보내려 했을 것이고, 그보다 더 낮았다면 어쩔 수 없이 지방대학에 가야했을 것이다. 그러나 두 경우와 상관없이 난 내 의지로 내가 원하는 대학— 연세대 원주캠퍼스를 선택할 수 있게 되었다. 이렇듯 주님은 수능 점수까지도 내게 딱 알맞게 주신 것 같았다.

만약 하나님의 관점을 깨닫지 못했다면 난 기어코 다시 공부하려 했을지도 모른다. 재수, 흔히들 고역이라 말하는 그 일을 난 기쁨으로 해낼 자신도 있었다. 또 처음 목표였던 수석입학도 한번 더 도전해 볼 수 있겠지? 성패야 어찌됐든 이번보다는 월등히 높은 결과를 얻으리란 건 내게 당연지사였다.

그러나 이는 순종의 모습이 아니다. 지난시간 내 제사를 받으신 주님이 이제는 내게 복을 주시려 하는데, 이를 단지 내 욕심으로 뿌리친다면 나는 분명 불순종이라는 죄목에서 벗어나기 어려울 것이다. 내게는 사람들의 이목보다 '온전한 순종'이 더 중요했다. 주님의 약속을 끝까지 기다리는 '완전한 인내'가 더 소중했다. 이 모든 것에 '진실한 겸손'으로 하나님의 뜻을 구하며 말이다.

역시 하나님의 생각은 나와 달랐다

그럼 "2002프로젝트"는 어쩌란 말인가. 솔직히 책 출간의 발판으로 삼으려 했던 타이틀이 사라지면서 난 고심하지 않을 수 없었다. 내 생각, 내 기대와는 전혀 달리 진행되어 온 지난 고3수험 생활. 비록 결과의 타이틀은 얻지 못했지만 힘들게 공부했던 가운데 깨달은 하나님의 법칙은 그보다 더 값지다고 생각했다. 그러나 과연 다른 이들에게 어떤 영향을 주며 또 어떤 반응을 얻게 될는지는 자신할 수 없었다. 솔직히, 애초부터 불가능했던 목표설정과 결국의 실패담 또 그에 대한 변명쯤으로 여기진 않을까 하는 걱정이 더 앞섰다.

그래, 잘 생각했구나.

내가 염려했던 것은 네가 실패했기 때문이 아니라,

그 과정 속에서 하나님과 멀어지진 않을까 하는 염려 때문이었단다.

네가 말한 것처럼 하나님의 뜻은 우리와 다를 때가 많단다.

네가 하나님을 신실히 의지하는 법을 배우면,

하나님은 네게 놀라운 영적 진리들과 법칙들을 가르쳐 주실 거다.

그것은 좋은 대학가는 것과는 비교할 수 없이 귀중한 것들이란다.

그리고 수많은 사람을 살릴 수 있는 것이지.

네가 생각했던 그 책을 썼더라면

과연 몇 명의 사람들을 살릴 수 있을 것 같니?

많은 사람들이 너의 위업을 감탄하며 자신도 그렇게 하길 원하겠지만,

여전히 더 많은 사람들은 절망했을 거다.

하나님이 몇몇 특별히 선택된 사람들만을 위한 책을

과연 좋아하셨을까?

나는 전에도 너에게 이야기했던 것처럼,

이렇게 저렇게 공부하라고 말하는 대신

믿음으로 공부하라고 충고한단다.

하나님의 음성을 먼저 듣고 그 말씀을 믿음으로 공부하라는 것이지.

그것이 하나님이 진정 기뻐하시는 것이었고,

그렇게 했을 때 거의 실패하지 않았단다.

어쨌든, 경헌이가 바른 생각을 하는 것 같아 감사하다.

다른 애들도 너처럼 하나님 앞에서 바른 생각을 한다면 참 좋을 텐데….

전도사님의 메일에 난 다시 용기를 얻었다. 그리고 이젠 하나님의 관점으로 세상을 바라보게 되었다. 또 사람들의 관심에서 벗어난 곳에도 내 시선을 두게 되었다. 늘 항상 머리 위만 쳐다보다가 평생 모르고 지나칠 뻔했던 내 주변과 발 밑. 바로 그것이었다. 단지 점수만을 따져 볼 때, 나보다 덜 나온 점수를 받은 친구들이 더 잘 나온 친구들보다 수적으로 훨씬 많았고, 이와 마찬가지로 내가 갈 수 있는 대학보다 수준이 더 낮은(단지 세상의 기준으로 볼 때) 대학을 가게 될, 이미 간, 그리고 이미 졸업한 사람들의 수는 정말 비교할 수조차 없을 정도로 많다. 그들도 나와 같이 보다 높은 점수를 소망하며 공부해왔을 터인데, 이를 성취하지 못한 그 좌절의 시간을 어떻게 극복해 냈을까. 혹시 스스로의 열등감과 외부 시선의 두려움 속에 갇혀 고통 받지는 않을까. 보다 중요한 것을 깨닫지 못한 채, 또 알려고도 하지 않은 채 그렇게 끊임없이 반복적으로 말이다.

　친구들도 이 때문에 많이 힘들어했다. 또 고작 대학입시의 문턱에서 맛본 실패의 씁쓸함 때문에 정작 도달해야 할 곳은 바라보지도 않는 우를 범하고 있었다. 물론 그들에게 책임을 다 물을 수는 없을 것 같다. 우리를 둘러싼 이 세상이 다 그러하니깐. 난 우리를 속이는 악한 것들, 세상적인 기준으로 판단하게 만드는 것들— 무엇보다 학벌에 대한 잘못된 인식과 편견에 도전장을 내던졌다. 성적이나 출신 학교, 그 외에 어떠한 타이틀보다 더 중요한 것은 바로 '진리의 길을 걷는 삶' 이다. 보이지는 않지만 주님의 뜻과 계획을 따라 사는 삶이 가장 복되고 귀하다. 주님이 알려 주신 이 진리는 세상의 오만을 이겨 낼 충분한 능력이 있었다. 그리고 이는 친구들에게 큰 위로가 될 것이며 흔들리지 않는 푯대가 되리라 믿어 의심치 않았다.

지금 내 마음을 흔드는 건

이제는 높여주실 때라 믿었다. 고난의 학교의 졸업장과 축복의 상장을 받을 차례라 생각했다. 그러나 난 점차 낮아져만 갔다. 깊은 곳으로 떨어지는 나를 보며 난 자아가 깨어져 가는 중이라 직감했다. 대체 어디까지 내려가야 내가 다시 올라갈 수 있습니까. 언제까지 기다려야 이 고통의 시간들에서 벗어날 수 있습니까. 한없이 물어봤지만 주님은 늘 침묵의 응답만 내게 돌려주셨다.

오직 하늘을 향한 목마름뿐, 어느 것도 남아 있지 않았다. 나만의 의지도 불타는 열정도 담대한 용기도… 모두 잃어버렸다. 그저 시간이 빨리 흘러가기만 바랄 뿐이었다. 계획은 계획으로 끝나버렸다. 수능이 끝나면 하고 싶었던 많은 일들, 그러나 난 아무 것도 시작할 수 없었다. 한 걸음 두 걸음 내 힘을 의지하여 나아가다가는 또다시 넘어질 것 같았다. 결국 걷기를 포기하고 그 자리에 주저 앉아버렸나.

그러던 이듬해 1월, 이미 난 다른 곳에 마음을 더 빼앗기고 있다는 것을 느꼈다. 그토록 잠재우려했던 생각들, 바로 예진이었다.

더 이상 숨길 수 없었다. 부정할 수도 없었다. 난 예진이가 좋았다. 사람이 누군가를 좋아하는 데는 특별한 이유도 또 그걸 설명할 필요도 없는 것 같다. 뛰는 내 가슴만이 그 사실을 말해줄 뿐이었다.

내게 있어 예진이는 한 그루의 나무였다. 뜨거운 태양을 피해 난 그 아래 앉아 포근한 쉼을 얻었다. 벗어나고 싶지 않았다. 시원한 예진이의 그늘 안에 계속 머무르고 싶었다. 아니, 때론 나도 그런 그늘

이 되어 주고 싶었다. 서로를 아껴주는 사랑의 교제를 나누고 싶었
다. 하지만 그렇게 되기 위한 조건도 잘 알고 있었다. 믿음의 동역
자, 그 아름다운 관계를 맺기 위해선 마주 보는 것이 아니라 같은 곳
을 바라보아야만 했다.

그런데 어딘가 모르게 불안했다. 중심이 흔들리고 있었다. 하늘
을 향했던 내 마음의 추가 다른 곳을 향해 진동하고 있었다. 내 생명
보다 더 귀한 그분의 자리에는 어느새 예진이가 앉아있었다.

어느 순간 두려움까지 느꼈다. 지금 나를 사로잡고 있는 것은 주
님이 아닌 예진이 하나였던 것이다. 그런 내가 부끄럽기만 했다.

어느 날 예진이의 마음을 알게 되었다. 친구 유리(가명)와의 대화
속에서 놀라운 이야기를 들은 것이다. 유리는 지금 예진이도 나와
같은 고민을 하는 중이며 시기적으로는 나보다 더 먼저였다고 했다.
그리고 비슷한 고민을 자신에게도 털어놓았으니 내가 먼저 적극적
으로 다가서길 바라는 자신의 마음을 내비쳤다. 또 결과는 나쁘지
않을 거라며 나를 계속 북돋아 주었다.

선택의 기로 앞에 섰다. 언제까지나 주저할 순 없었다. 이제 난 어
떻게 해야 하나? 무수한 질문들이 날 감싸고 돌았지만 쉽게 결단하
지 못하게 하는 걸림돌이 있었다. 지금 난 당당히 고백할만한 모습
이 못 된다는 것. 어느 때보다 신중해야 했다. 그러나 고민 끝에 결
국 가만히 타자를 쳐내려갔다.

음, 어제 기도하는데… 너무 힘들더라.
며칠 동안 주님 보다 다른 마음을 더 크게 가지고 있어서…
사람을 좋아한다는 감정 같은 거 말이야.

엊그제 함께 영화 봤던 날, 밥 먹으면서 네가 했던 말…

사실 나도 너와 같은 마음이었어.

일부러 나의 감정을 억제하고 숨기려고 노력했지.

왜냐 하면 난 하나님께 쓰임 받기 위해 더 준비 되어야 하기 때문에

당분간 다른 생각은 하지 말아야지 하는 생각을 많이 했었거든.

그래서 널 좋아하면서도 내 의지로 그걸 잠재우려 많이 애쓰곤 했어.

그런데 요즘 들어서는 다른 음성을 주시는 것 같다는 생각이 든다.

주님이 원하시는 이성교제에 대해서 많은 생각을 하게 되거든….

사실 전부터 난 항상 그런 생각을 했었어.

내가 만약 한 자매를 좋아해서 서로 사귀게 된다면,

세상 사람들과는 달리 주안에서 진정 친구요 동역자로서

주님이 보시기에도 정말 아름다운 커플이 되어야지 하는…

어제는 기도하는데 이런 생각을 주시더라.

내가 먼저 주님 앞에 바로 설 때, 성령 안에서 그분의 뜻을 구할 때…

주님이 원하시면 그때 내가 하겠다고…

그래서 일단 수능 전과 같은 성령 충만함으로 돌아가야 할 것 같아.

그리고 마음의 확신이 든다면 그땐 네게 당당하게 고백하고 싶다.

지금은 주님 앞에 서있는 내 자세가 너무나 부끄러워서…

너도 나랑 비슷한 생각을 갖고 있을 거라 생각해.

우리 기도했으면 좋겠다.

지금 갖고 있는 우리 마음속의 생각들— 주안에서의 '사귐' 이라는 것.

우리의 모든 생각들은 잠시 내려놓고

그 자리에 주님의 생각으로만 채워갈 수 있도록 기도하자.

갈등 끝에 메일을 발송했다. 그리고 뒤늦게 떠오른 생각을 문자 메시지로 덧붙였다. 「우리에게 서로 같은 뜻을 주시기를⋯ 기도하자」 얼마 지나지 않아 답문이 도착했다. 벌써 메일을 확인했는지 예진이도 그러자고 나의 제안에 동의를 했다.

'지금 예진이는 어떤 마음일까?' 걱정스럽기도 했지만 아무리 생각해봐도 더 좋은 방법은 없을 것 같았다. 무엇보다, 하나님을 최우선에 둔 내 진실한 고백이라 그런지 마음이 참 평안했다.

다음날부터 10일 금식기도에 들어갔다. 하루 한 끼씩 굶으며 기도로 간구하면 하나님이 더 빨리 응답하실 거라 믿었다. 아니 사실, 어떤 응답 이전에 난 내 마음의 자세를 바로잡고 싶었다. 예진이가 아닌 먼저 주님께 사로잡힌 사람으로 말이다. 또 기도하는 동안 난 하나님이 원하시는 이성교제와 데이트에 대한 가치관을 정립하게 되었고, 이를 지키고 만들어가고 싶은 마음이 새롭게 피어올랐다.

'우린 정말 아름다운 믿음의 짝이 될 거야! 내가 원주에 내려가면 자주는 못 만나겠지만 날마다 널 위해 기도할께. 언제나 서로를 아껴주는 믿음의 동역관계! 이 얼마나 멋진 만남이고 아름다운 교제일까?'

가슴 벅차 올랐다. 우릴 보시며 미소를 지으실 주님의 얼굴을 생각하니 더 그랬다. 아직 고백조차 안 했는데도(메일을 통한 간접고백은 이미 해두었지만), 난 그렇게 다음 일을 미리 그려보면서 마냥 즐거워했다.

며칠 지나지도 않았는데 결론이 굳어지고 있었다. 그냥 일주일만 기도한다고 할 걸, 10일이 너무 길게만 느껴졌다.

고통 속에서 주님을 만나다

금식 6일째 되는 날. 집을 나선 아침부터 몸이 무거웠다. 약도 사먹어 보았지만 오후부턴 머리까지 아파왔다. 지독한 감기몸살인 것 같았다.

오후 5시경, 예정보다 일찍 집으로 향했다. 쓰러질 것 같은 몸을 이끌고 화정역에서 내려 막 출구로 나가려던 차였다.

'아차! 열쇠가 없지.'

전화해보니 엄마와 누나들은 모두 밤늦게 들어온단다. 휴, 이제 어쩌지. 잠시 의자에 몸을 기댔다. 정말 미치도록 아파 옴을 느꼈다. 깨질 듯 아픈 머리, 벌벌 떨리는 팔과 다리. 그러나 그대로 잠들면 안 된다는 생각에 입술을 꽉 깨물었다. 열쇠를 안 챙긴 극심한 후회와 기댈 곳 없는 비참함이 날 더욱 짓누르려는 순간, 떠오르는 한 친구가 있었다.

초등학교 동창 이정훈(가명). 녀석의 얼굴과 더불어 자신도 이 근방으로 이사했다는 그의 말이 떠올랐고, 이에 난 즉시 전화를 걸었다.

"응, 정말? 그래. 내가 지금 바로 나갈게!"

한 5분이나 기다렸을까? 가까운 곳에서 왔는지 정훈이는 금방 나왔다. 친구네 집에 들어가자마자 난 바로 녀석의 침대 속으로 들어갔다. 오랜만에 만나 할 얘기도 많았지만 다음으로 미뤄야했다. 몰랐던 정훈이 부모님의 이혼이야기가 잠깐 나왔을 때도 난 더 묻고 싶었지만 참았다. 지금 내게 중요했던 건 곧 쓰러질 것 같은 내 몸뚱이였으니 말이다.

자다가 갑자기 눈이 떠졌다. 더 자고 싶었다. 아니 정상으로 돌아올 때까지 더 자야만 했다. 온몸을 덮고 있는 건 식은땀, 어디를 만져 보아도 마찬가지였다. 땀 때문인지 춥기도 하고 열 때문인지 덥기도 했다. 두통은 아까보다도 더 심했다. 머리가 잠시 없어졌으면 싶었다. 이렇게 아파 본 적은 너무 오랜만이라 당황스러웠다. 거실에 있는 친구를 부를까했지만 소리 낼 힘도 없어 그냥 다시 잠들려 노력했다. 그러던 중에 진동소리가 희미하게 들렸고 난 온 힘을 다해 점퍼 속 핸드폰을 꺼내어 들었다.

「야! 나 서울기독대학도 붙었어!」

성수가 보낸 메시지였다.

여기서 또 한 친구를 소개해야겠다. 이름은 성수, 고3시절 나와 깊은 믿음의 이야기를 나누었던 소중한 친구다. 성수는 원래 우리 학교 럭비선수였다. 5년간 운동만 하느라 공부와는 담을 쌓고 살아오다 목회자의 꿈을 위해 고3 여름방학 때 공부를 다시 시작했다. 모두들 의아해하며 안타까워했다. 내신은 엉망인 데다가 모의고사는 늘 절반도 못 맞았던 것. 수능도 마찬가지였다. 사실, 그 점수로는 정원미달 아니면 4년제 대학은 힘들었다. 더더욱 서울에 있는 대학은 꿈도 못 꿨다.

그런데 오늘, 며칠 전에 발표 난 어느 신학대학교에 이어서 또 이젠 서울기독대학교에도 붙었다는 것 아닌가! 물론 두 군데 모두 미달이 아니었다. 이제 성수는 선택권까지 거머쥐며 남은 한 군데 대학 합격여부를 기다리는 여유까지 생겼다.

「축하해! 이건 정말 주님의 기적이다!」

어렵사리 축하 메시지를 보냈다. 그리곤 다시 눈을 붙여 보았지만 이번엔 성수의 기적이 아른거려 잠들 수 없었다.

'기적… 주님의 기적이 참 놀랍구나. 비록 나에겐 주시지 않았지만… 정말 감사한 걸?'

갑자기 이런 생각이 들었다. 지금 이 어두운 방 침대에 홀로 누워 고통스러워하고 있을 때… 나와 함께하는 사람은 아무도 없구나. 어느 누구도 내 아픔을 몰라주는구나. 사랑하는 가족은 물론이거니와 친구들도 역시 아니었고 목사님과 선교사님도 마찬가지. 예진이도 내가 가장 필요로 하는 지금, 내 곁에 있어 줄 수 없구나… 심지어 바로 이 방 밖에 있는 정훈이까지도…. 그때 순간 이런 내적 음성이 들려왔다.

'아니야. 내가 너와 함께 있단다. 지금 네 곁에는 아무도 없는 것이 아니라, 너를 사랑하는 내가 지금 이 순간도 널 지키고 있단다.'

'오 예수님, 당신만은 나와 함께 계시는 군요… 지금 이곳으로 찾아와 날 만지시고 계시는 군요….'

순간 눈물이 핑 돌았다. 그리고 회개의 문으로 들어섰다. 깨어 있지 못한 내 모습을 고백했다. 작게 속삭이는 정도였지만 마음만은 간절했다.

그 다음은 십자가 방이었다. 그 속에서 난 십자가에 달리신 그분의 모습을 보았다. 수없는 채찍질 가운데 담담히 피 흘리신 예수 그리스도. 그 모든 아픔과 고통을 이기신 나의 주님… 뜨거운 눈물이 터져 나왔다. 주르륵, 얼굴을 타고 내려왔다. 지금 이 고통은 주님의 십자가 고통과 비교조차 할 수 없으리라. 나도 가만히 양팔을 벌려 보았다. 그리고 양 손목이 두꺼운 대못에 찔리는 상상을 해 보았다. 얼마나 아프셨을까? 나도 그 십자가를 지고 갈 수 있을까? 지금 나보다 훨씬 더 고통스러우셨을 텐데… 뜨거운 눈물은 양쪽 눈가로 계속, 끊임없이 흘러내리고 있었다.

잠깐의 고요한 적막도 있었지만, 곧이어 주님은 또 다른 방문을 내게 열어 보이셨다. 바로 은혜의 방이었다.

'아! 지금 이 자리가 바로 아빠의 자리였구나!'

문득 아빠의 얼굴이 떠올랐다. 그러자 더욱 격한 눈물이 쏟아졌다. 난 겨우 감기몸살로 잠시 누워있다지만 아빠는 암으로 한 달을 투병하지 않으셨던가. 당시엔 몰랐었는데… 이제는 그 고통을 조금이나마 알 것 같았다.

'아빠도 새벽마다 홀로 기도한다 하셨는데… 아, 주님! 그럼 그 때마다 당신이 아빠를 찾아와 만져주셨군요!'

그 시간동안 아빠가 주님과 이런 특별한 시간들을 가졌을 기라 생각하니 또 얼마나 감사했는지 모른다. 하늘에서 아빠도 지금 날 지켜보고 계시겠지? 그런데 자꾸 이렇게 말씀하시는 것 같아 조금 부끄러웠다.

"경헌아! 늘 깨어 준비하는 사람이 되어야지. 이 세상을 변화시키는 사람이 되어야지."

'네, 아빠. 이제 다시 일어날게요. 끝까지 지켜봐 주세요!'

손으로 입을 틀어막았다. 그러나 더 크게 울고 싶었다. 축축하게 젖어버린 베게와 침대시트 — 더 큰 눈물자국을 만들고 싶었다. 아픔도 잠시, 내 마음은 원 없이 행복해졌다.

이어서 이제는 사랑의 문, 그 마지막 방으로 뛰어 들어갔다. 사람들이 보였다. 지금 흘리는 내 눈물의 의미를 모를 세상 또래들이었다. 온갖 상처와 쓰라린 기억 속에서 방황하는 친구들, 집을 뛰쳐나와 멍하니 밤거리를 떠도는 친구들, 각종 범죄를 일삼고 심지어 몸까지 파는 친구들, 또 하나님이 어디 있냐며 주님을 모욕하는 불쌍한 친구들까지. 사랑의 방에서 난 다른 어떤 방에서보다 더 많은, 아니 가장 많은 눈물을 쏟아냈다. 죽어 가는 영혼들을 바라보며 느끼시는 아픔, 주님의 그 마음이 내게도 전해졌던 것이다.

'사랑하는 친구들… 저들은 참 기쁨과 만족을 모른다. 아직도 많은 이들이 온갖 죄악 가득한 세상문화에 휩쓸려가고… 또 그것이 죄인지 그 끝이 곧 지옥인지도 모르고 살아가는데… 나만 이렇게 진리 안에서 행복한 삶을 살고 있구나! 나는 이렇게 좋은데… 주님 때문에 이렇게나 기쁜데… 내 친구들의 영혼은 이렇게 내 앞에서 죽어가는구나….'

그러다 어느 한 장면이 내 앞에 멈추었다. 지금 거실에 있는 정훈이의 중학교 때 모습. 부모님의 이혼문제로 남몰래 눈물을 감추고 있는 내 친구 정훈이. 그런데 바로 그 옆에는 친구의 아픔을 헤아려 보기는커녕 담배 좀 끊고 나랑 같이 교회 좀 나가자라고 사랑 없는 말만 툭툭 내던지는 내가 서 있는 것이 아닌가. 순간 더더욱 격한 눈물이 쏟아지고 말았다. 그때 주님이 말씀하셨다.

"그때 넌 교회 나가자는 말은 많이 했으나, 그 친구의 마음은 전혀 헤아려 보지도 않더구나. 그 당시 네 친구에게 정말 필요했던 것은 따뜻한 위로의 말 한 마디였단다. 그러나 이제는 참된 사랑을 하는 자가 되어라. 내가 네게 보여준 그 사랑처럼 말이야."

주님은 날 너무 부끄럽게 만드셨다.

'네, 맞아요. 그때 내 속에는 사랑이 없었습니다. 주님 이런 저를 용서해주세요. 그러나 주님 이제는 내게 보이신 당신의 사랑으로 친구들을 사랑하겠습니다. 친구의 마음을 헤아려 그 아픔을 위해 울며 기도하는 자, 그 영혼을 진정으로 사랑하는 당신의 종이 되겠습니다!'

시계를 보니 9시였다. 은혜를 좀 더 구했으나 주님께서 거기까지만, 하시는 것 같았다. 기다리다가 결국 난 자리에서 일어났다. 거실에서 즐겁게 TV를 보고 있는 친구에게 다가갔다. 그 앞에 무릎을 꿇고 용서를 구하고 싶었다. 언제나 말로만 사랑했을 뿐 행동으로 널 사랑하지 못했음을. 지금 주님은 너를 무척이나 사랑하신다고. 그리고 이젠 나도 그와 같은 사랑을 하겠다고.

그러나, 고백하고 싶었던 그 말은 또다시 입속에서만 머물렀다.

랩으로 은혜를 전하다!

다음날 이른 아침, 어제 일을 하나라도 놓치고 싶지 않아 서둘러 컴퓨터 앞에 앉았다. 그리고는 어제의 기억을 동창 모임 사이트에 기록해 올렸다.

이제 내 머릿속은 온통 인터넷 선교에 대한 생각뿐이었다. 어떻게 하면 보다 효과적으로 주님의 사랑을 전할 수 있을지, 오로지 그 생각만 했다. 예진이도 잠시 잊었다(기도한대로 난 다시 주님께만 사로잡히게 된 것이다!). 한 가지 멋진 아이디어가 떠올랐다. 얼마 전 교회 축제 때 했던 전도용 랩음악 파일을 올리는 것. 내 못난 목소리가 아닌 마음의 문을 두드리시는 주님의 음성에만 친구들이 귀 기울이길 바라면서.

볼찌어다 내가 문밖에 서서 두드리노니 누구든지 내 음성을 듣고 문을 열면 내가 그에게로 들어가 그로 더불어 먹고 그는 나로 더불어 먹으리라 —
요한계시록 3장 20절

- The Message -

1.
J.E.S.U.S. jesus! 난 그분의 메시지를 전하기 위해 여기 서 있지

내가 사는 이유 한 가지 있다면

그분의 뜻과 사랑을 전 세계에 전함이지

지금까지 내가 살아오며 가장 크게 자랑스러운 일이 있다면

그것은 바로 주님을 믿는다는 사실 하나

날마다 주의 사랑 가운데 기뻐하고

주의 진리 가운데 자유하며 살아가는 것

그것만큼 행복한 것이 어디 또 있을까

아무리 눈 씻고 찾아봐도 그 이상의 것은 절대 없네

나 무엇과도 바꿀 수 없는 주의 은혜

이제는 나 혼자 받기 너무 너무 미안해

나 친구에게 언제나 주님을 전하지만

그들의 닫힌 마음 문은 언제나 날 외면하곤 해

**이젠 마음의 문을 열어 주님 들어가실 수 있도록

너의 삶이 변화 될 거야 이젠—

2.

난 너의 말과 마음 충분히 이해할 수 있어 나도 처음에 그랬으니깐

믿지 않고 의심하고 부정하고 거부하고 지금의 너처럼 그랬으니깐

하지만 주님은 나의 가슴을 찢고 찾아와 주셨고

나의 상한 마음을 어루만져 주셨지

난 나의 마음으로 또 머리로도 주님을 이해할 수 있게 되었지

너 그거 알아야 해 믿음의 세계는

마음의 눈 영혼의 눈으로만 볼 수 있다는 걸

또 너에게 가장 필요한 건 바로 그것이라는 걸

*널 사랑하시는 주님이 지금 바로 니 앞에 서 있는데
너의 마음 문을 똑 똑 똑 똑 두드리고 계시는데
왜 넌 그걸 느끼지 못하니 왜 넌 마음 문을 열지 않니×2
**

3.
너 내가 왜 너에게 자꾸 이런 말 하는 줄 아니
난 너의 영혼을 사랑하는 진정한 친구잖니
마찬가지 주님도 너의 친구 되시고 너의 구원자 되시지
너의 죄를 위해 피 흘리신 널 위해 십자가 지신
그 사랑 주님의 그 사랑 너랑 나랑 함께 나눌 수 있다면
난 무엇이든 하리 몇 십 년이 지나도 난 널 위해 기도하리
두 손 모아 간절히 기도하리

*

**

나 언제까지나 너의 영혼 위해 기도할거야 영원히―

사랑할 준비 - 완료!

기도하기로 작정한 10일, 그로부터 며칠이 더 흘렀다. 역시 기도에는 능력이 있다. 기도 후의 내 모습은 이전과 확실히 달라져 있었다. 뜨겁게 주님을 다시 만난 이후, 이제는 하나님 앞에서 부끄럽지 않을 떳떳함과 당당함이 생겨난 것이다.

그렇다고 예진이를 향한 마음까지 변했다는 건 아니다. 감정이 더 커졌으면 커졌지 작아지진 않았다. 더 솔직하게 말해, 예진이를 향한 내 감정은 더 커지고 깊어졌으며 뜨거워졌다. 게다가 이제 난 사랑할 준비가 다 되었다고 느꼈다. 예진이를 하나님이 만드신 하나의 인격체로서 그 영혼을 내 몸과 같이 아껴주고 사랑해주고 싶었다. 또한 이를 그저 막연히 마음으로만 품는 것이 아닌 행동으로 보여주면서 더 배워 나가려는 열정이 있었다.

예진이와 단둘이 있으면 난 말수가 줄었다. 또 무슨 말을 어떻게 해야 할지 잠시 고민한 뒤, 입 밖에 꺼내곤 했다. 예진이도 나와 조금 비슷했던 것 같다. 둘이 성격이 비슷하다고 해야 하나, 그 애도 차분하고 얌전한 아이라 말이 많은 편은 아니었다. 서로 대화를 잘 주고받다가도 말이 끊기면 잠시 어색함이 감도는, 우리 사이는 아직 그랬다. 친밀감이 더 필요했다. 예전에 '맑은 소리' 단장과 멤버로서의 관계는 확실히 아니었다. 그땐 나름대로 웃으면서 모임을 잘 이끌었는데, 예진이한테 만큼은 왜 그렇게 안 되는지 답답할 노릇이었다.

간접고백을 한 날 이후로 예진이를 딱 두 번 보았다. 친구들과 찬

양집회 갈 때 한번, 선교사님께 성경공부 받은 날 한번. 그때마다 눈
치를 살폈지만 딱히 알 수는 없었다. 지금 어떤 생각들이 가득한지,
어떤 기도 응답을 받고 있는 중인지… 궁금했지만 알 길이 없어 속
이 타들어가는 것 같았다. 다만 나를 대하는 태도가 예전과는 사뭇
달라진 느낌은 확실했다. 뭐랄까, 같이 있으면 괜히 더 어색해하는
느낌이랄까.

'그저 부끄러워서 그렇겠지. 서로에게 동일한 응답을 달라고 기
도했으니 우린 분명 아름다운 커플이 될거야!'

그러면서 난 내가 원하는 미래의 모습만 자꾸 떠올리며 좋아라했
다. 고백도 하기 전에 머릿속에선 이미 난 예진이의 남자친구였고
예진이는 내 여자친구였다.

Yes, 이 한 마디면 되는데….

드디어 고백의 날. 그 얼마나 기다려 왔던 오늘이었던가! 2주 동안 내가 얼마나 가슴 졸였는지 모른다. 옷도 잘 차려 입고 거울도 한 번 더 쳐다보고… 그렇게 난 집을 나섰다.

참! 아마 그날도 예진이네 집 근처 이 공원거리였을거다. 첫 눈 오는 날— 예고 없이 하늘에서 큰 눈송이가 떨어져 온 세상을 하얗게 만들었던 그 날 오후, 이 거리를 걷다가 휘날리는 눈을 보니 갑자기 예진이가 보고 싶어졌다. 집에 있으면 얼굴이나 보자고 전화를 걸었다. 그런데 재미있게도 마침 그 시간 예진이는 나와 약 100미터 떨어진 곳에 서 있었다. 우리는 잠시 길에서 만났고 짧은 대화 끝에, 난 아쉽지만 예진이를 가던 길로 보내야 했다. 결국 난 혼자 눈을 맞으며 걸었고 곧 예진이는 미안하다는 문자를 보내왔디. 예진이도 나만큼 아쉬웠던 걸까. 그 문자를 받고 얼마나 마음 설레였던지… 그 때를 생각하면 지금도 참 아쉽다.

아, 지금 저 멀리서 걸어오는 예진이의 모습이 보인다. 정말 천사 같은 그 애. 아… 아니, 그녀! 오늘따라 예진이는 더 예뻤다. 특별히 신경을 쓴 것 같아 보이는 그녀의 모습에 난 기분이 더 좋아졌다. 오늘이 무슨 날인지 그녀도 이미 알고 있다는 표시일 테니.

사실 수능 전에도 언젠가는 이런 날이 올지 모른다고 생각했다. 그래서 어떤 방식으로 고백하면 좋을까 생각한 것이 예진이네 반에서의 깜짝 이벤트였다. 수능 후에 간증하러 각반 교실을 돌아다닐 때 특별히 그녀의 반에서는 고백타임을 가져볼까 생각했다. 그러나 이제 나는 간증할 만한 처지도 입장도 아니었다. 그저 화려한 이벤트보다 조용한 카페에서 진실한 내 마음을 전하는 것이 좋겠다 싶었다.

신촌의 한 카페, 가벼운 이야기를 나누다가 어느새 진지한 고백의 시간을 맞이했다.

"예진아, 있잖아. 음… 난 이런 생각을 해 봤어. 우리는 서로 이렇게 같은 곳을 바라보며, 나란히 같은 길을 걷고 있었지. 그런데 어느 순간, 난 옆을 바라보며 주춤하게 되었는데… 그게 바로 너였던 것 같아…."

난 주로 내 손과 그녀의 손을 번갈아 보면서 말을 이었는데, 내 손은 양손을 나란히 펼쳤다 가운데로 구부러지는 동작을 취했고, 그녀의 손은 유리잔만 계속 만지작거리고 있었다.

"근데, 난 그게 너무 불안했어. 서로가 서로를 바라본다는 것, 이건 아니다 싶어 기도를 시작했지."

그녀의 손은 계속해서 더듬더듬 유리잔을 만지고 있었고, 난 또 다른 손동작을 취하기 위해 다시 테이블 위에 양손을 올려 놓았다.

"그래서 말이야. 이렇게 두 손이 모아질 때 양손을 오므릴 수 없는 것처럼, 우리도 이런 관계였으면 좋겠어. 서로를 바라보는 것이 아니라 서로 같은 곳을 바라보며 나아가는…."

이따금씩 반짝이는 그녀의 눈과 마주쳤다. 그러나 막상 자신의 시간이 되자 조금 당황한 듯 보였다.

"음… 솔직히 잘 모르겠어. 사실, 너의 메일을 받고 처음엔 좋았는데… 시간이 지날수록 어딘가 모르게 좀 부담스러웠어."

헉! 예상을 비껴가는 그녀의 첫 마디. 가슴에 무언가 꽂혔지만 내

색하지 않았다. 그리고 끝까지 그녀의 말에 귀 기울였다.

"내가 이상한 건지도 모르겠어. 누군가 날 좋아한다는 걸 알게 되면 갑자기 마음에 부담이 되고… 그래서 기도하지도 못했어. 그런데 얼마 전에 주님이 깨닫게 하시더라. 넌 지금 그것을 위해 금식까지 하는데, 난 기도는커녕 내 생각과 감정으로만 채워가고 있다고… 그래서 정말 기도해보려 했는데, 어쩌다보니… 결국 또다시 못하고 말았어."

걱정되기 시작한 내 마음, 과연 어디까지 빗나갈 것인가.

'서로에게 동일한 마음을 주시기로 했잖아요, 네?…'

"음… 그래서 어떻게 답해야 할지 잘 모르겠다. 더욱이 걱정스러운 건 내가 아직 대학생이 된 것도 아니고, 가서 해야 할 일도 많을 것 같고, 또 그리고…."

미안했는지 내게 눈도 마주치지 못했다. 반대로 난 그녀의 눈을 뚫어지게 쳐다보며,

'이 바보야, 뭘 그런 걸 다 걱정하니? 난 널 위해 헌신할 준비가 다 됐는데… 그냥 yes, 이 한마디면 되는데…'

그러나 아무리 속으로 외쳐봐야, 그녀는 들을 수 없는 걸… 속이 저려왔지만 그저 가만히 웃고 말았다. 결국 그녀는 대답을 미루어두었다. 이젠 꼭 기도해보겠다고 했다. 그나마 다행이었다.

우리는 서로 웃으며 헤어졌다. 아쉬운 마음이야 말로 다 표현할 수 없었지만, 그래도 하나님께 감사하려고 노력했다. 첫날이 될 수 있었던 오늘이 그저 다음으로 조금 미루어지는 것뿐이겠거니 생각했다.

연세대 원주캠퍼스 합격

 합격자 발표가 시작되었다는 예진이의 말에, 난 집에 돌아
오자마자 컴퓨터를 켰다.

「김경헌님, 합격을 축하드립니다」

역시나 연세대 홈페이지에는 기대했던 축하메시지가 떴다. 예상
했던 바라 당연한 듯 여겼다.

그리고 나, 다 군의 국민대와 건국대는 둘 다 떨어졌다(시간적으로
는 나중 일이지만 집필 편의상 이곳에 함께 적는다). 만약 둘 중 한군데라
도 붙었다면 엄마는 날 절대 원주로 보내시지 않을 것이다. 어차피
붙어도 안 갈 대학들이었으니 떨어져도 상관없지만, 그래도 왠지 모
르게 아쉬운 건 있었다. 붙었다가 안 가면 내가 연세대 원주캠퍼스
를 '어쩔 수 없이'가 아닌 '기쁨으로 선택해서' 가는 것이라고 입증
해 보일 수 있었을 테니깐.

예진이도 이미 예상했던 바였다며 합격을 축하해 주었다. 아, 이
기쁜 소식이 우리의 첫날을 기념하는 선물이었더라면 얼마나 좋았
을까! 또 한번 큰 아쉬움을 달랬다.

어떻게 하루만에...

 다음날 토요일, 교회에서 무심코 메일박스를 열어 보았다.
마침 거기엔 예진이가 방금 전에 보낸 따끈한 메일이 도착
해 있었다.

'무슨 내용일까?'

조금은 떨리는 마음으로 마우스를 클릭했다.

샬롬!

오늘 엄마하고 언니하고 이야기도 해 보고 같이 예배도 드렸어.

그리고 생각도 해 봤고… 그래서 쓰는 거야.

아무리 생각해 봐도

너랑은 친구가 좋을 것 같다는 생각이 계속해서 들더라.

물론 너한테 무슨 문제가 있다는 게 아니고(알지?)

친구 이상이라는 것을 생각하면

언제나 부담이 있고, 오히려 멀어질 것 같아.

기도도 많이 해 보고 할 필요도 있겠지만

서로 힘들 때 도와주는 "친구" 사이가

서로 가장 편하고 도움이 될 것 같다.

그럼 이만 줄일게. 안녕~!

믿을 수 없었다. 몇 번이고 읽어보았다. 아니라고 부정하고 싶었
다. 다시 생각해 보라고 말하고 싶었다. 하지만 그녀를 좋아하는 만

큼 난 그 결단까지도 존중해 줘야 했다. 혼란스러웠다. 또 내가 얼마나 기도로 준비하고 확신했던 일이었는데… 예진이는 왜 그랬을까? 정말 그렇게 부담스러웠나? …그러나 이해하려고 노력했다. 시간을 두고 생각을 정리하니 주님의 뜻도, 예진이의 마음도 조금은 알 것 같았다. 그래서 그날 저녁에 답 메일을 보냈다.

솔직히 네 메일을 읽고 좀 놀랐어.

적어도 다음 주에는 말하려니 생각했었는데… 이렇게 금방 ··;

아쉬움도 없잖아 있었지만… 네 나름대로의 뜻과 생각이 있다고 생각했어.
그러면서 내게 또 다시 말씀하시는 것이 있더라고.

사귐에 대한 주님의 생각, 관점…

일단 내 안에선 긍정적으로 잘 받아들여졌는데…

시기와 상황에 있어선 내게도 큰 확신이 없었거든…

흠, 일단 학교 문제도 또 너와의 문제도 어느 정도 정리가 되었으니…

이제는 더 기도로 준비하며 프로젝트에 집중하라는 뜻 아닐까 싶다.

정말 나 이제 당분간 여기에만 전념하고 싶어.

그리고 더 훈련되어지고 시간이 지나고 주님이 원하시는 때에,

언젠가는 내게 주셨던 그 생각대로 이끌어 주실 거라고 생각해. ··

참 좋은 경험을 한 것 같아.

또 하나의 깨달음을 얻을 수 있어 기쁘다. 너에게도 고맙고. ··

메일을 받아 본 예진이는 곧바로 또 하나의 메일을 보내왔다.

혹시라도 상처(?)받을까봐 걱정했는데,

항상 긍정적으로 생각하려고 노력하는 걸 보니 마음이 놓인다. · ·

니가 고맙다고는 했지만 서운한 마음도 있었을 것 같아.

모르는 건 아니지만 내 글재주가 짧아서 어떻게 잘 전했으면 했는데….

그리고 내가 지금 확신하는 게 어제도 마음에 갖고 있었던 건 아니야.

나도 어제 네 이야기 들으면서 느낀 것도 많고,

배운 것도 많고, 고마운 것도 많았어. · ·

하지만 전부터 생각했던 것처럼

아직은 준비가 안 된 것 같다는 생각이 지배적인 것 같아.

또 이런 이야기를 길게 끌면 너한테도 별로 안 좋을 것 같아서…

네가 이해해 줘서 참 고맙다. · ·

미련이 남은 걸까

월요일 아침, 아무렇지도 않게 예진이와 유리를 만났다. 이제는 새로운 날들을 그려야 했다. 그려 나가던 작품이 찢겨졌을 때 가장 현명한 방법은 그 작품 붙들고 우는 것이 아니라 다시 새로운 그림을 시작하는 것이다. 그런 의미에서 수련회는 내게 새하얀 도화지와도 같았다.

예진이와 함께 가게 된 서울 D교회의 대학부 수련회. 처음 예진이의 권유에 난 망설였다. D교회가 좋으면 좋았지, 사실 다른 교회 수련회까지 따라갈 이유는 없었다. 그러나 당시 우리 교회는 사정상 수련회를 못 치를 상황, 반면 난 하루라도 빨리 뜨거운 마음을 받아 '프로젝트'에 착수하고픈 마음이었기에 그곳까지 따라가게 된 것이다.

도착해보니 교회는 생각보다 작았다. 상가 지하실을 예배당으로 쓰는 작은 교회 안에 벌써부터 200여 명의 사람들이 북적댔다. D교회는 다른 교회와 뭐가 달라도 확실히 달랐다. 악기사용을 최소화하고 복음성가보다 찬송가를 더 즐겨 부르는 보수파인데다가 성도들은 거의 캠퍼스 선교에 미친 서울의 명문대 학생들이었다. 더 놀라운 것은 수련회 3박 4일 중 첫날을 제외한 이틀 밤을 찬양과 말씀과 기도로 꼬박 샜다는 것이다. 저녁집회가 끝나고 나니 진짜 새벽 6시였다. 그래서 처음 온 사람들은 쉽게 적응하지 못한다는 것이다. 게다가 대학 4년 동안은 전적으로 주님께만 헌신하자라는 목사님의 강력한 말씀은 이성교제를 원하는 사람들에게 큰 걸림돌로 작용했을 것이다. 어쨌든 이 모든 것이 내겐 새로운 충격이었다.

수련회 마지막 날, 함께했던 형이 나를 불렀다.

"음… 그동안 난 네가 캠퍼스 선교에 꼭 필요한 인재란 느낌이 들었어. 네가 만약 우리 교회에서 제대로 훈련받고 대학생활을 한다면 넌 정말 수많은 영혼을 건질 수 있을 거야. 물론 섬기던 교회를 떠나는 것이 쉽지는 않겠지만 앞으로 수확할 그 열매들을 생각한다면… 어쩌면 주님은 그걸 더 기뻐하시지 않을까? 지금 이것이 널 위한 주님의 계획일 수도 있으니 한번 기도해봐."

난 정말 그럴지도 모른다고 생각했다. 이 형을 통해 주님이 말씀하시는 건 아닐까 싶었다.

'주님, 정말 내게 주시는 음성인가요? 그래서 나를 이 교회 수련회로 부르셨나요?'

전혀 예상치 못한 일이 벌어졌다. 단지 난 뜨거운 도전을 받으러 왔던 것뿐인데, 생각지도 않게 '엄청난 혼란'이라는 원치 않는 고민까지 얻게 된 것이다. 더군다나 아직 난 예신이와의 문제로 미음이 편치 못했는데…

예진이도 갈등하고 있었다. 나처럼 누구에게 말을 들은 건 아니지만 자꾸 그런 생각이 든다고 했다.

돌아오는 길에 난 한쪽으로 기우는 내 마음을 보았다. 그리고 재빨리 마음을 붙잡았다. 빨리 결정 내리지 않으면 흐지부지 넘어갈 것 같았다.

'그래, 그곳으로 가자!'

주님의 인도하심이라 믿었다. 왜 이런 마음이 강하게 드는 지 알 길이 없었지만 어쨌든 확신했다. 그리고 이번 주까지 모든 걸 정리하리라 마음먹었다.

주일 예배를 마치고 선교센터로 달려갔다. 마지막으로 선교사님의 동의를 얻어야 할 것 같았다. 혹시나 반대하실 지도 모른다고 생각했지만, 이번만은 나도 지지 않겠다는 각오가 있었다. 조언은 귀담아 들어야겠지만 최종적인 결정은 내가 내려야 하니깐.

"선교사님, 저는 주님의 뜻이라 생각해요. 마침 원주 캠퍼스로 가기 직전에 이런 교회를 만나게 하셨잖아요. 이제 저 거기서 훈련 잘 받고 캠퍼스 선교에만 헌신할래요."

"…음, 이건 아무리 봐도 아닌데?"

혹시나 했던 것이 딱 걸리고 말았다. 어쩐지 선교사님의 표정이 아까부터 심상치 않아 보였다.

"아니 엊그제는 그런 말씀 안 하셨잖아요?"

"경헌아, 선교사님은 이틀 전에도 이건 아니라는 걸 알았단다. 하지만 왜 아닌지 주님께 여쭐 시간을 갖고자 그땐 가만히 네 말을 들었지. 그런데 기도해보니 그 교회에 문제가 있는 건 아닌 것 같고… 분명 다른 이유가 있어서 그런 것 같은데… 그건 명확히 알려주지 않으시던데…."

당혹스러웠다. 왜 또 아니란 말인가! 인정하고 싶지 않았지만 난 선교사님의 그 강한 영적권위 앞에 눌릴 수밖에 없었다. 이어서 선교사님은 몇 가지 질문을 던지셨고 결국 난 예진이와의 이야기까지 다 말씀드리고 말았다. 뜻밖에도 선교사님은 수능 전부터 예진이가 궁금했다고 하셨다. 그리고 같이 성경공부 하겠다고 데려올 때부터 는 더 유심히 살펴보셨단다. 특별히 나와 잘 맞는 믿음의 여인인지 말이다. 그동안 다른 맘 품고 있는 내 모습이 부끄러워 아무 말씀 못 드렸던 건데… 이렇게 선교사님은 나보다도 앞서 나가셨다.

"그럼 예진이도 그 교회 가기로 했니?"

"예, 아까 물어봤는데 거의 갈 것 같아요."

"그래? 근데 아닐걸. 다시 한 번 물어 보렴."

"아닌데… 엄마한테 허락만 맡으면 꼭 간다 했는데….”

문자를 보내 놓고 약 십분 뒤 답신이 오기까지 난 속으로 그건 아 닐 거라고, 설마 그런 일은 없을 거라고 계속해서 되뇌었다. 그런데,

「나 안가기로 했어. 엄마가 응답 받으셨거든.」

허, 입이 딱 벌어졌다 어떻게 갑자기 너마저….

예진이에겐 언제나 엄마가 기도하고 받은 응답대로 하면 틀림이 없다는 믿음이 있었다. 이는 내가 선교사님을 전적으로 신뢰하는 것 과 마찬가지였다.

"그거 보렴, 어머니가 기도하는 분이시라니 그렇게 하시겠지!"

"아…아니 그게 무…무슨 연관이….”

"하하하. 경헌아, 선교사님은 예진이 어머님이 옳은 믿음의 판단 을 하시리라 생각한 거란다. 그리고 잘 생각해보렴. 경헌이가 예진 이와 친구 이상으로 발전하지 않는 것도 다 하나님의 뜻임을 믿지? 그런데 넌 지금 예진이와 그 교회에 함께 가고 싶은 거야. 안 그러

니? 하지만 하나님은 그걸 원치 않으셔. 주님은 널 향한 더 크고 좋
은 계획을 갖고 계시는데 넌 자꾸 그것을 제한하려 들고 있어. 경헌
이도 그걸 바로 알아야 해!"

정확히 찔려버렸다. 선교사님은 이제야 아셨다는 듯 흐뭇한 얼굴
이셨지만 그 앞에 앉은 난 한 대 얻어맞은 듯 일그러지고 말았다.

정말 그랬나보다. 예진이가 안 간다하니 나 또한 가려던 마음이
싹 가셨다. 더군다나 많은 것을 포기하고 새로운 부담을 떠안으면서
까지 지금의 교회를 떠나고 싶진 않았다. 그렇다. 사실 난 예진이 때
문에 가고자 했다. 시간을 두고 더 생각해 보고 싶었다. '대학생활
동안 이성교제 금지'라는 말씀에 반대표를 던진 나였지만 그래도
한번 그래볼 생각이었다. 다만 멀리서 지켜보려했다. 죽도록 캠퍼스
선교에 헌신하다가 시간이 지나면… 언젠가 그녀와의 또 다른 기회
가 찾아올지도 모른다고 생각했다. 그리고 그걸 기대했다. 미련은
없으리라 여겼건만… 역시나 사람마음이란 어쩔 수 없는가보다.

사람들에게 교회를 떠난다 했을 때도 난 예진이 얘기는 일절 입
에 담지 않았다. 단지 캠퍼스 선교를 위한 주님의 부르심이라 생각
한다고 말했을 뿐이었다. 또 말하면서 얻은 확신을 난 더욱더 주님
의 뜻이라 믿게 된 것이다.

"경헌아. 이 세상에는 하나님의 영과 사단의 영이 공존한단다. 네
가 그 두 가지를 잘 분별하지 못한다면 앞으로 사역하는 데 많은 공
격이 뒤따르게 될 거야. 만약 오늘 네가 포기하지 않고 끝까지 그곳
으로 가려고 했다면 아마 넌 더 힘들어졌을 거란다. 그러니깐 이제
부터 기도할 때 영분별의 은사를 구하렴. 알겠니?"

고개를 끄덕였다. 그러나 다 이해한다는 뜻은 아니었다. 단지 선

교사님의 말씀이라면 무조건 옳다고 묵묵히 인정하는 표시였다.

단 1주일 만에… 또다시 무너졌다. 내가 바라고 원했던 것들은 모두 주님 뜻이 아니었다. 예진이와의 사귐, 그리고 함께 다니고 싶었던 교회. 나는 간절했으나 그분은 다른 계획이 있다고만 하셨다. 난 머리를 좌우로 크게 흔들어 보았다. 그러나 마음으로까지 그럴 수 없었던 건 '그래도 전 당신의 선하신 계획을 믿습니다. 그리고 이제 그것을 기대합니다' 라고 고백해야 한다고, 끊임없이 속삭이는 누군가의 음성이 들렸기 때문이었다. 하지만 정말 가슴 아팠다. 누군가 내 공허해진 마음을 채워주지 않고는 쉽게 견딜 수 없을 것 같았다. 선교사님도 그걸 아셨는지 내게 이렇게 제안하셨다.

"내일 아침에 일찍 원주로 내려가자. 그곳에서 앞으로의 네 일을 찾아보자!"

그 땅을 밟으러 가자

"주님, 당신이 주신 최고의 대학에 제가 왔습니다!"

큰 숨을 들이켜고 캠퍼스를 돌아봤다. 실제로 보니 연세대 원주캠퍼스는 사진만큼이나 깨끗하고 아름다웠다.

원주캠퍼스는 정말이지 내게 주신 최고의 대학이었다. 나는 여러 사람들을 통해 이를 확인했다. D교회 수련회 갔을 때도 그랬다. 연세대 형들이 하는 말로 신촌캠퍼스 보다 원주캠퍼스가 영적인 분위기나 영어교육 측면에서 훨씬 더 낫다고 했다. 여러모로 원주캠퍼스는 하나님이 내게 주신 최고의 대학임에 틀림없었다.

선교사님은 어느 교수님을 만나 뵙겠다며 이리저리 찾아다니셨고 난 그 뒤를 쫓으며 앞으로의 대학생활을 그려 나갔다. 무엇보다 내 마음을 가장 설레게 했던 건 바로 기숙사 생활이었다. 새벽기도로 하루를 시작하고 낮에는 학업과 캠퍼스 선교에 힘쓰고, 저녁에는 도서관에서 책도 읽고 글도 쓰고… 기숙사 방에선 친구들이랑 예배도 드리고 밤에 기도하고 싶을 땐 뒷산에도 올라가 보고… 이는 곧 깨어있는 하루, 승리하는 삶에 대한 간절한 열망과 꿈에 부푼 기대였다.

아쉽게도 우리는 그 교수님을 만나 뵐 수 없었다. 선교사님은 그럴 리가 없는데 하시면서 안타까워하셨다. 결국 이곳에서도 내 마음을 채우지 못했다. 그분을 만나 이쪽 선교단체와 교회활동에 대한 새로운 비전을 보고 싶었는데 말이다. 하는 수없이 힘들게 왔던 그 길을 따라 우리는 다시 집으로 되돌아갔다.

기다림의 시간, 그리고 술.

사실 나는 YWAM에서 사역하고 싶었다. 설립자 로렌 목사님의 책을 읽은 고1때부터 난 YWAM에 대해 큰 관심이 있었고 SYATP 운동의 중심도, 또 선교사님을 만나게 된 통로도 바로 이 곳이기에 YWAM은 내가 좋아할 수밖에 없는 선교단체였다. 그러나 원주캠퍼스에는 아직 예수전도단(한국 YWAM)이 없었다. 실망한 나는 이를 선교사님께 말씀드렸고 선교사님은 나를 통해 원주 YWAM이 새로 시작되기를 기도하셨다. 그러면서 나 몰래 알아보고 계셨고 난 은근히 이를 기대했다. 그러나 시간이 지나도 아무런 말씀이 없자 답답한 마음에 내가 먼저 여쭈어 보았다.

"더 기다려 보거라. 아직은 때가 아닌 것 같구나. 네가 먼저 대학을 입학하고 나서야 그때 수님이 너의 일을 주실 서야."

잘 이해되지 않았지만, 그냥 가만히 순종하기로 했다.

주님은 내게 입학 시일까지 약 4주간의 시간을 허락하셨다. 그 가운데 먼저 예진이와의 일에 대해 풀리지 않았던 문제의 핵심을 알게 하셨는데, 이는 곧 당시 내가 이성교제에 대한 하나님의 뜻만 구했을 뿐 "주님, 저 여자입니까? 지금이 그때입니까?"라고 여쭙지 않았다는 것이다.

또한 난 이런 강의를 듣게 되었다.

"남자는 여자를 만나면 무조건 망합니다. '돕는 배필'을 만나야 하지요. 창세기 2장에 나오는 하나님의 말씀, '사람의 독처하는 것이 좋지 못하니 내가 그를 위하여 돕는 배필을 지으리라'에서의 돕는 배필 말입니다."

그렇다. 난 여자친구를 원하지 않았다. 표현은 그랬을지 모르지만, 엄밀히 말해서 내가 의미한 것은 분명 '돕는 배필'이었다. 그 말씀을 통해 '그래도 난 하나님이 원하시는 사람을 찾으려고 노력했구나!' 하며 위안을 삼았다. 그렇다고 내가 결혼까지 생각하고 사귀자고 했던 것은 아니었다(물론 배우자감인지 아닌지 살펴보긴 했다). 하지만 어떤 사람을 만나든지 주님 안에서의 교제이니 만큼 그 사귐은 신중해야 한다고 생각한 것이다.

어쨌든 난 더 좋은 사람을 만나기 위한 시행착오를 한번 거친 것이다. 그래서 그에 따른 후회는 안하기로 했다. 아니 더 나아가, 믿음 안에서 이성교제를 준비하는 사람들을 위해 내 연애 실패담까지 '프로젝트'에 덧붙이기로 마음먹었다.

기다림의 시간… 첫 대학생활에 대한 기대와 각오, 그리고 흥분과 설렘이 시작되었다. 그러나 딱 한 가지는 좀 걱정스러웠는데 이는 다름 아닌 대학의 술 문화였다.

술… 내겐 '술' 하면 떠오르는 두 가지 기억이 있다. 고1 수학여행 장기자랑시간, 준비했던 춤 솜씨를 발휘하려 가슴 졸이며 차례를 기다리는데 갑자기 모든 행사를 여기서 접고 다 끝내라는 엄명이 떨어졌다. 시끄럽다고 동네에서 항의가 들어왔다는 것이다. 어쩔 수 없이 숙소로 돌아가야만 했던 우리는 허탈한 분노를 잠재우지 못하고 술병에 손을 댔다. 그때 친구가 내게도 맥주 한 캔을 건넸다. 난 잠시 고민하다 에라 모르겠다 마시고는 복도로 뛰어가 음악을 크게 틀어놓고 미친 듯이 프리스타일 랩(FreeStyle Rap)을 시작했다. 친구들도 하나 둘 끼어들더니 숙소복도에는 어느새 15여 명이 몸을 흔

들며 입을 놀리고 있었다. 복도는 정말 흥분의 도가니였다. 제풀에
지쳐 그만 둘 때까지 그렇게 우리들만의 파티는 계속되었다. 지금
생각해보면 웃음만 나오지만.

또 다른 기억, 얼마 전 제주도 졸업여행의 마지막 날 저녁이었다.

'다들 어제처럼 술로 밤을 보내겠지? 오늘밤은 누구 하나 붙잡고
진지한 얘기 좀 해야겠다.'

내 마음을 아는지 모르는지 친구들은 벌써부터 애타게 술을 찾았
다. 더욱이 마지막 밤이니만큼 갈 때까지 가보고 끝장 한번 내보자
는 식이었다.

'그게 뭐 그렇게도 좋을까?'

이미 세상이 줄 수 없는 천상의 기쁨을 맛본 나로선 쉽게 납득할
수 없는 의문이었다. 분위기상 자리를 지키려했지만 어느 순간 참을
수 없어 자리를 박차고 나왔다. 그러던 중에 한 친구로부터 '맑은
소리' 동기 몇몇도 심하게 술에 취해 있다는 뜻밖의 소식을 들었다.

'너희들마저 그러면 어떡하니… 하나님이 얼마나 슬퍼하실까….'

착찹한 마음에 숙소를 벗어나 한동안 걸었다. 하나님의 마음을
생각하니 갑자기 눈물이 고여들었다. 기도할 곳을 찾다가 숙소가 환
히 내려다보이는 언덕길에 올라가 무릎을 꿇었다.

"주님, 제 친구들을 불쌍히 여겨주세요. 저들은 모릅니다. 참된
기쁨과… 참된 안식과… 참된 만족은 오직 주님께로만 온다는 사실
을 저들은 알지 못합니다. 주님 이렇게 두 손 모아 기도합니다. 저들
도 술이 아닌 주님 때문에 행복을 맛보게 도와주시옵소서."

그때부터 난 술자리가 싫었다. 황량한 사막 같은 곳, 하나님이 기
뻐하시지 않는 그곳엔 나도 있기 싫었다. 그런데 문제는 이제 곧 시

작될 피할 수 없는 관문— 신입생 오리엔테이션이었다. 빠져볼까 생각도 해봤지만 그건 캠퍼스 선교사로서의 도리가 아닌 듯했다. 오히려 서둘러 믿음의 친구를 찾는 것이 더 급선무다 싶었다.

예? 정말 당신의 뜻입니까?!

2월 21일 신입생 O.T 둘째 날, 저녁부터 대강당에 모여 '연대응원가'를 배웠다. 솔직히 빨리 끝났으면 하는 마음이었다. 그러나 자정을 향하도록 응원의 열기는 그칠 줄 몰랐고 '에잇, 이젠 나도 이 분위기에 몸담아 볼까' 하던 참에, 모르는 서울번호로 전화가 걸려 왔다.

"여보세요? 축하드립니다. 여기는…."

"예? 저기, 잘 안 들리거든요. 내일 다시 전화해주세요."

시끄러웠던 이유도 있지만 난 얼마 전 걸려 왔던 사기판매전화가 생각나 바로 끊어버렸다. 그리곤 다시 응원에 집중했고, 그로부터 약 5분 후 누나에게 온 두 개의 메시지를 발견했다.

「너 왜 이렇게 진화 인 빈니? 집으로 삘리 진화해! 어서!」

「네 인생에서 최대로 중요한 일이야! 문자 보는 즉시 전화해!」

갑자기 다급해졌다. 이 밤중에 무슨 일로? 사람들을 헤집고 강당을 나와 집으로 전화했다. 엄마가 받으셨다.

"무슨 일인데 그래? 응?"

"경헌아, 지금 건대에서 너 추가합격 됐다고 전화 왔는데, 엄마 말 듣고 거기 가라. 응?"

말문이 막혔다.

'그럼 아까 그 전화가…'

"근데 엄마도 함부로 결정할 수가 없어서 조금만 더 기다려 달라고 했지. 근데 너 다음 차례도 있고 또 12시까지 마감해야 한다는구

나. 그러니깐 그렇게 하자, 응?"

"아니 엄마, 싫다고 그랬잖아요. 여기야말로 주님이 내게 주신 최고의 대학이라구요!"

"그래도 어른들 말 들어. 엄마가 이 밤중에 여기저기 전화해 봤는데 하나같이 당연히 건대 가야지 무슨 소리냐고 하시더라."

"아니라니깐. 난 사람들 신경 안 써요. 나 절대 후회 안할 거니깐 제발 등록 안 한다고 그래— 응?"

"그럼, 너 나중에 후회하지 마라. 응? 아니⋯그래도⋯ 이게 얼마나 좋은 기횐데 그러니? 바로 코앞에서 놓쳐버릴 거야? 지금도 건대에서 네 누나 건대 다닌다고 몇 번이나 봐주고 있는 건데⋯ 그럼⋯어쩌지? 이제 또다시 집으로 전화 올 텐데⋯."

"에이 몰라. 엄마 끊어. 내가 5분 후에 다시 전화할께⋯."

쉽게 결론이 나질 않자 일단 전화를 끊었다.

정말 황당했다. 아니 뭐라 설명할 수 없는 두려움에 휩싸였다.

'주님 그냥 또 한번의 시험 같은 거지요? 주님이 내게 주신 대학은 여기잖아요?'

선교사님께 전화를 걸었다. 통화가 길어져 5분이 넘어갔다. 서둘러 집으로 다시 연락하려했지만 요금부족으로 문자만 보낼 수 있었다.

「제발 나한테 빨리 전화해줘.」

애간장 타도록 기다리다가 드디어 전화가 왔는데 이번엔 작은누나였다.

"하하. 너 이제 내 후배가 됐네. 선배님 잘 모셔라. 응?"

"뭐⋯ 뭐야? 그럼 결정해 버린 거야? 말도 안 돼⋯ 이건 내 인생인데, 어떻게 그렇게 마음대로… 응? 이거 너무한 거 아냐?"

"자정까지가 최종 추가등록시간인데… 급해서 그랬지. 거기다가 건대에서 3번이나 전화해 줬는데, 솔직히 그렇게 봐주는 데가 어디 있냐? 또 이게 하나님의 뜻일지도 모르잖아. 히히."

"그…그럼, 그거 다시 취소 못하는 거야? 응?"

"당연하지. 한번 하면 끝이야. 취소 절대 못해. 호호."

"…몰라. 전화 끊어."

오 이런… 하나님! 이게 어떻게 된 일인가요? 그런데 가만…가만히 핸드폰을 보니 음성메시지가 도착했다는 표시가 보였다. 서울에서 온 번호라 혹시나 하는 마음으로 급히 들어보았다.

"김경헌님, 건국대 입학관리처입니다. 전화해도 끊으시고 집으로 전화하니 본인의 등록 의사가 없다고 하셔서 추가합격 등록포기자로 알고 다음 사람으로 넘어가겠습니다. 그러니 후에 이의 없으시길 바랍니다."

어? 정말인가?! 순간 놀랐다. 새로운 희망이 보이는 것 같았다. 그런데 마지막 컴퓨터 멘트는, "2월 21일 오후 11시 26분에 녹음된 메시지입니다"라고 흘러나왔다. 아닐 거야…다시 들어보자… 몇 번을 다시 들었지만 분명 11시 30분도 되기 전에 녹음한 것이었다. 그러므로 12시가 되어가는 지금, 방금 전에 누나 말이 더 정확한 결정인 것이다. 그럼 그쪽에서는 왜 또다시 우리 집에 전화한 것일까? 정말 뭐가 뭔지 모를 정도로 내 머리는 더 복잡해져만 갔다.

선교사님도 무척 놀라셨지만 그 가운데 하나님의 뜻을 찾으려 애쓰셨다.

"이 대학은 하나님의 뜻이고, 저 대학은 하나님의 뜻이 아니고…

꼭 그런 것만은 아니란다. 그분은 인간에게 먼저 자유의지를 주셨고 또 우리의 선택을 허락하시며 존중하시지. …어쨌든 중요한 건 그분을 끝까지 신뢰하는 것! 경헌이도 잘 알지?"

그렇다! 연대를 선택한 것은 나였고 하나님은 내 자유의지를 존중해주셨던 것이 사실이다. 그러나 일이 이렇게 되자 처음엔 방해를 받는 것이 아닌가하는 생각이 들었다. 하지만 사단은 내 인생을 바꿀 만큼 대단한 존재가 아니라는 것을 알기에 이 생각도 옳은 것 같지는 않았다.

어이없고 황당했다. 좀처럼 쉽게 마음이 가라앉질 않았다. 정말 말도 안 되는 일이 지금 내 앞에 벌어졌으며 다시 되돌릴 수 없는 상황까지 와 버렸다. 그것도 손 써볼 겨를도 없이 내가 아닌 타인의 결정으로 말이다!

아직도 시끄러운 대강당을 뒤로 하고 산등성이를 걸었다. 그리고 하늘을 바라보았다. 검푸른 하늘 위에 떠 있는 수백만 개의 푸른 별들이 애처로운 듯 날 쳐다보고 있었다. 저 별들 사이에서 난 내 주 하나님을 그려 보았다. 주님도 지금 내 이런 모습을 지켜보시겠지?

"주님, 당신은 왜… 어찌하여 이런 일을 허락하십니까? 정말 당신을 이해할 수 없군요. 지금까지 내 뜻대로 된 것은 아무 것도 없었습니다. 아시지요? 그만둔 CCM사역도 그렇구요. 아빠의 육적인 회복도 아니었습니다. 또 그토록 기도했던 수능 타이틀도 아니었고, 예진이와의 사귐, 그 교회로 가는 것까지 전부 주님의 뜻이 아니었지요. 그런데 지금은 또 당신이 약속한 최고의 대학까지 여기가 아니라고 말씀하시는군요. 그런가요? 정말 그런 겁니까?

이 땅을 처음 밟았던 그날 기억하시죠? 이곳에서도 놀라운 부흥이 일어나게 해 달라고 기도했던 거 말입니다. 그런데 지금… 한 순간에 물거품이 되어 버리네요. 또 무엇보다도 2002프로젝트의 비전, 그럼 이제 난 어떻게 글을 씁니까? 일이 이렇게 되었으니 책도 못 내는 건가요, 네? …주님! 이게 정말 당신의 뜻이었습니까? 저는 도저히 모르겠어요. 정말 아무것도 이해할 수가 없다구요!"

약 30여 분 동안 눈물의 호소를 털어냈다. 그리고는 더 깊은 산 속에 들어가 크게 울어버리려 했다. 하지만 자정을 훌쩍 넘긴 시간, 쌀쌀한 산 공기는 추위 떨고 있는 내게 어서 되돌아가라고 자꾸만 재촉했다. 힘없이 돌아가는 발걸음 속에서 난 다시 기도했다.

"…그러나 주님, 제가 건대로 가는 것이 정말 당신의 계획이었다면 제가… 제가… 순종하겠습니다. 지금은 정말 아무것도 모르겠지만 언젠가는 당신이 알려주시겠죠. 주님, 제가 당신을 믿습니다. 그리고 당신을… 신뢰합니다."

제5장

The Death
그분 앞에서 나는 죽어지다

그분의 손에 난 죽어졌다.
이제 나의 것들은 다 사라졌다.
오직 그분의 뜻만 내게 돌아왔다.
·
·

그분은 내 지난 시간에 대한 이유를 조금씩 알려주셨다.
당신의 계획은 나보다 더 크심을 정확히 보여주셨다.
그리고 이러한 내 입술의 고백을 받아내셨다.
·

"오 주님, 그렇습니다.
당신만이 나의 전부, 나의 모든 것 되십니다.
내겐 오직 주님 한 분밖에 없습니다."

아직 잘 모르겠습니다

 서울로 올라가는 버스 안, 뒤에서 누군가 내 어깨를 톡 쳤다.

"저기… 무슨 과 누구예요?"

"네… 저 근데 어젯밤 다른 대학에 합격했거든요….."

"아, 그래요? 친구나 할까 했는데, 그럼 친해질 필요 없겠…네요."

마지막 그 말이 참 씁쓸하게 들렸다. 그래, 나도 이제 여기 사람들 이랑은 영원히 안녕이다. 떠나는 오늘 아침에도 이 말을 전하느라 얼마나 힘들었는지 모른다. 가만히 눈을 감고 생각했다.

'나는 왜 이곳을 떠나 건국대로 가야하는가… 하나님, 정말 당신 이 하신 일 맞습니까? …근데 왜 하필 신입생 OT중인 어젯밤일까? 뒷사람도 있을 텐데 왜 내게 5번씩이나 전화를 해 주었을까?

더 오래 전 기억으로 거슬러 올라갔다. 입학 지원서를 쓸 당시, 난 언세내반 시원하려고 했다. 그러나 당시 작은누나가 학교 입학도우 미를 하고 있던 터라 건대도 같이 써내게 되었다. 그리곤 돌아보지 도 않았다. 경영학부로 지원했던 건 논술고사를 보지 않는데다가 점 수가 높아 떨어지기 쉬울 것 같았기 때문이었다. 한 달 뒤 결과는 예 상대로 불합격이었고, 예비번호에도 없어 까맣게 잊고 지냈는데… 어젯밤 그 일이 터진 것이다. 그것도 마지막 7차 추가합격자라면서 최종등록 마감시간 30분전에! 만약 내가 1점이라도 더 높았다거나 낮았더라면, 분명 더 일찍 전화가 왔거나 아님 아예 안 왔을 것이다. 다시 말해 이렇게까지 되지 않았을 수도 있었다는 말이다!

지난 시간의 모든 결과, 즉 망쳐버린 수능점수에도 난 순종했다. 아주 적절한 점수를 주셨다 믿고 감사드렸던 나였다. 그렇기에 난 이 모든 상황까지도 주님이 하신 일이라 인정하지 않을 수가 없었다. 하지만…하지만…내가 아는 건국대학교는…기독교 대학도 아닌데다가 영적인 흐름과 분위기 그리고 내가 훈련되어질 환경, 이 모든 면에서 내가 생각해 왔던 원주캠퍼스와는 너무나도 다른 곳 아닌가. 아무리 생각해 봐도 건대는 주님이 약속한 '최고의 대학'이 아닌 것 같았다. 그러던 중 엄마에게 전화가 왔다.

'아! 오늘 작은누나 졸업식이지?'

잊고 있었다. 엄마는 건대 앞 이모네로 오라 하셨다. 건대입구역에 내려 약 5분 만에 이모 댁에 도착했다. 뭐라고 화를 낼까 생각하며 찾아간 나였지만 웃으시는 엄마와 이모 앞에서 차마 쓴 소리를 할 수 없었다. 그냥 아무렇지도 않은 듯 행동하려 했을 뿐.

"아휴… 엄마가 오늘 아침부터 연대 갔다가 등록금 찾아서 다시 건대 가서 돈 넣고, 거기다 네 누나 졸업식까지… 아주 다리가 퉁퉁 붓겠네."

말은 그렇게 하셔도 엄마의 얼굴에는 생기가 넘쳐흘렀다. 내가 건대에 입학하게 된 것이 그렇게나 좋으셨나보다. 그리고 곧이어 엄마와 이모는 내가 생각지도 못한 말씀을 하셨다.

"너 그럼 이모네 집에서 통학할래? 집에서 다니려면 힘들잖아."

"그래, 4월에 진호형 군대 가니깐 그 방 쓰렴. 참, 경헌아! 이모가 지나가다가 건대에서 '크리스천 O.T' 한다고 써 붙여놓은 걸 봤는데, 네 생각이 나더라. 거기나 한번 가보지 그러니?"

뜻하지 않는 일들이 생겨났다. 이제 난 이모 댁에서 생활하며 학교에 다니기로 했다(본래 이모네는 하숙집을 운영하신다). 원했던 기숙사는 아니었지만, 대학생활에 대한 왠지 모를 큰 기대가 시작되는 순간이었다. 게다가 뜻밖의 소식이던 크리스천 O.T 또한 갑작스레 내 마음을 설레게 했다. 하나님이 내게 무슨 일을 어떻게 행하실까… 오전까지 혼란스러웠던 내 마음이 변해 갔다. 또 나를 이곳으로 보내신 주님의 뜻을 머지않아 알게 될 것 같았다.

건국대를 향하신 그 뜻을 알고 싶습니다

크리스천 O.T의 주최는 '건국대학교회'였다. 건대교회는 비기독대학교 안에 세워진 최초의 캠퍼스선교 교회이며 또 이번 O.T는 작년에 이어 두 번째로 개최되는 행사였다. 캠퍼스 내 교회와 기독 오리엔테이션, 참 의외였고 놀라웠다. 건대에는 내가 몰랐던 그 무언가가 있는 것만 같았다.

기대했던 크리스천 O.T 그러나 뚜껑을 열어보니 행사의 주인공인 02학번 새내기들이 많이 안 와서 실망이었다. 교회 사람들의 얼굴에도 아쉬움이 역력했다. 그러나 담임 목회자이신 김형민 선교사님은 얼마나 많이 왔느냐가 아니라 어떤 사람이 왔느냐가 더 중요한 것이니 기죽지 말라고 하셨고, 이에 난 여기 건국대를 뒤집을 한 사람이 왔다라고 속으로 외쳐댔다.

O.T 마지막 날, 담임 목사님 및 여러 교수님들과 함께하는 신입생 환영 점심식사가 있었다. 식사가 끝나갈 무렵 김 목사님은 자연스레 대학교회의 비전에 대해 말씀하시기 시작했다.

"대학 캠퍼스야말로 땅 끝 선교지란 걸 알고 있니? 이곳은 최대의 황금어장이면서도 최고로 어려운 선교지라 할 수 있단다. 모든 선교사들이 선교사에서의 최종목표는 주님이 말씀하신 '음부의 권세가 이기지 못하는' 그 교회를 세우는 일이야. 우리 건국대학교회도 그런 비전을 가지고 있단다. CCM비전! Campus Church Movement! 이 비전은 전국에 있는… 아니! 더 나아가 전 세계에 있는 모든 캠퍼스 안에 교회를 세우는 운동이란다. 물론 쉽지는 않을 거야. 하지만 내 생명을 드려 더 많은 사람들이 새 생명을 얻게 되다면, 이로써 충분히 도전해 볼 만한 비전 아니겠니?"

타오르는 내 눈의 불꽃을 보신 모양이다. 말씀하시면서 목사님은 자꾸만 내게 시선을 두셨고, 그에 나 역시도 눈으로 답해드렸다.

"좋아요. 그 비전에 저도 동참합니다!"

집에 돌아가자마자 엄마를 물어 잡았다. 건국대학교회를 통해 일하시는 하나님의 손길을 보았다고, 그리고 이젠 학교를 사랑하게 될 것만 같다고 말씀드렸다. 엄마도 흥분된 내 얼굴을 보시고는 "응, 그러니? 잘됐구나!"하시며 흐뭇해 하셨다.

그러던 중에 큰누나와 진호형이 집에 들어왔다. 누나가 곧 군대 갈 형에게 밥을 사주고 같이 들어온 모양이다. 그런데 이상하게도 둘이 방에 들어가더니 오랜 시간 동안 안 나왔다. 한참 뒤 방문이 열렸을 때 형의 얼굴은 들어갈 때와 달라져 있었다. 눈매가 벌겋게 달아오른 것이 마치 크게 놀랐으면서도 또 무언가 진지하게 결단한 듯한… 어딘가 모르게 예전과는 사뭇 다른 모습이었다.

형이 돌아간 뒤 누나에게 물었다.

"응, 지연이 졸업식 날 이모네 갔을 때 진호가 고민을 털어놓더라. 그래서 오늘 진호와 만나 저녁도 먹고 얘기도 들었어. 위로를 좀 해줬는데도 어딘가 모르게 허전하더라고. 그래서 진호를 집에 데리고 온 거야. 그래서 방에 들어가 사영리를 읽어주며 예수님을 영접하도록 도와주었어. 그런데 무슨 일이 일어났는지 아니? 글쎄, 눈물을 다 글썽거리던 진호가 끝내 영접기도까지 드렸다니깐!"

할렐루야, 형은 이날 다시 태어났다. 예수님의 보혈로 죄사함 받고 구원과 영생을 얻게 되는 영적인 거듭남을 형도 체험한 것이다.

건대를 향한 새로운 비전으로 흥분되기 시작한 오늘, 사촌 형의 예수님 영접소식은 날 향한 하나님의 계획을 더욱 기대하도록 만들었다. '그래, 나를 건대로 보내신 뜻에는 반드시 그 이유가 있어!'

그러면서 내게 새로운 마음이 주어졌다. 숨겨진 그 뭔가를 밝혀내는 것! 그래서 주님이 약속하신 그 땅인지를 확인하는 것! 이것이 바로 내 대학생활의 첫 번째 임무라는 생각이 들었다.

또 다른 사명 – 섬김

 그러던 3월 학기 초였다. 가끔씩 날아드는 민석(가명)이의 문자는 항상 내 마음을 무겁게 했다.

'자식, 다시 공부하느라 많이 힘든가 보구나.'

그냥 지나칠 수 없었다. 그건 아마도 정훈이네 방에서 있었던 지난 기억 — "네게 보여준 그 사랑을 하라"고 말씀하셨던 주님, 그리고 그런 참사랑을 하리라 다짐했던 내 마음 때문일 것이다. 이제는 나도 상처 입은 사람을 따뜻한 손길로 감싸 안으시는 예수님처럼 되고 싶었다.

며칠 후 민석이를 만났다. 그리고 몰랐던 친구의 아픔을 듣게 되었다. 자살을 결심했던 지난 시간들, 그러나 마음을 고쳐먹고 힘겹게 살아갔지만, 또다시 자신을 짓누르는 입시의 부담과 한 친구와의 관계문제로 이제는 정말 죽고 싶다는 이야기. 만감이 교차했다.

'언제나 밝았던 민석이에게도 저런 아픔이 있었다니….'

내가 뭐라 말해줬는지는 사실 기억이 안 난다. 하지만 '그냥 이대로 친구를 보낼 수는 없다' 라는 간절함에 많은 믿음의 말을 꺼냈던 것은 분명하다. 주님의 사랑을 다시 상기시켜주는 말과 이제는 다시 주님만을 의지하는 믿음으로 강하고 담대하게 살아가자고 힘주어 말했던 것 같다.

돌아가는 길에 민석이가 말했다. 이제는 나 정말 열심히 살아갈 거라고. 나를 향하신 주님의 계획을 기대하면서 살 거라고. 또 오늘 결단한 그 믿음 절대로 잊지 않을 거라고.

순간, 또다시 무엇인가 느껴졌다. 주님이 나를 건대로 보내신 또 다른 이유 말이다. 천하보다 귀한 한 영혼을 살리는 일, 특별히 내 주변 친구들의 영혼을 돌보고 섬기는 사명! 왠지 그것 때문에 날 지방으로 보내시지 않으셨구나 하는 생각이 들었다.

단지 민석이 일 때문만은 아니다. 그렇지 않아도 지난 학기 초에 지하철만 타면 꼭 아는 친구를 만나는 신기한 일이 자주 있었다. 같은 시간, 같은 열차, 같은 칸에서 친구를 만나는 것이 결코 쉬운 일이 아닌데도 난 벌써 대여섯 명의 친구들을 우연히 만났다. 그러면서 난 깨닫기 시작했다. 이것이 내 사명이다! 친구들의 영혼을 섬기는 것이 바로 지금 주님이 내게 던져 주시는 또 다른 사명이다!

성전건축 합시다

 "우리는 교회의 파수군, 하나님의 제사장. 성전건축 합시
다. 새벽기도 합시다. 전도폭발 합시다."
이것이 대학교회의 02년도 1학기 표어였다.

건대교회의 외견상 모습은 학교 안 일감호(호수) 뒤편에 있는 녹색
컨테이너였다. 임시로 놓인 그 컨테이너(교회 사람들은 '깡통성전'이라
불렀다)는 작긴 했지만 교회 모습으로는 충분했다. 그러나 깡통성전
도 이제 곧 시작될 주차장 공사로 그 자리를 떠나야만 하는 상황, 이
모습이 내가 대학교회를 처음 알게 된 시점이었다. 하지만 교회는
이미 학교 안의 다른 장소로 건축이전하려는 계획이 있었다. 그리고
이를 위해 사람들은 건축헌금과 새벽기도에 온 정성을 쏟았다.

교회가 생각한 성전부지는 도서관 뒤 언덕이었다. 그래서 사람들
은 시간만 나면 그곳에서 새로운 성전을 위해 기도하곤 했다.

역시 비 기독학교내에 성전건축은 결코 쉽지 않았다. 학교 당국
의 허락을 맡는 과정과 실질적으로 공사에 착수하는 일은 생각보다
복잡하고 까다로웠다. 정말 기도 없이는 한 걸음도 내디딜 수 없는
그런 상황이었다. 이미 학교에서는 컨테이너를 정리하고 떠나라고
했다. 시급해졌다. 갈 곳은 없는데 떠나야만 하는… 교회는 나그네
인생이 되고 말았다.

밝혀지는 믿음의 역사들

나는 더 알고 싶었다. 숨겨진 믿음의 역사를 더 확인하고 싶었다. 이는 건국대야말로 주님이 내게 주신 '최고의 대학'이라는 것을 확인하고자 하는 내 강한 의지였다. 그런데 감사하게도, 주님은 내가 먼저 찾아다니기 전에 주변 사람들을 통하여 그 이야기를 듣게 하셨다. 또 나로 하여금 "그게 정말이에요? 정말?"을 되묻게 만들었다. 그 중에도 가장 날 자극했던 말은 이렇다.

"너 건대 출신 목사님들이 총 300분도 넘는다는 거 알아? 그건 신학대학교를 제외하고 연대에 이어 두 번째로 많은 수야."

와우! 그렇게나 많이?! 연세대는 100년이 넘는 역사를 자랑하는 기독교대학일뿐더러 신학과도 있으니 그럴 만도 하지만 사실 우리 학교에는 그다지 특출한 이유가 없지 않은가! 그렇다면 이는 분명 건대에 부어주신 하나님의 특별한 은혜와 축복이 아닐까 생각해 보았다. 더 나아가 이렇게 배출된 많은 하나님의 종들이 지금도 각지에서 주님의 사역을 잘 감당하실 거라 생각하니, 이 어린 후배는 아니 기쁠 수가 없었다.

뿐만이 아니었다. 1940년대 말 학교가 설립 될 당시, 우리 학교는 원래 미션스쿨로 추진되었다 좌절된 것이라 했다. 그리고 학교 내에 있는 설립자 유석창 박사의 묘지가 원래는 박사님이 뜻한 교회가 세워졌어야 할 곳이었다고 한다. 게다가 과거 초대 총장님은 목사님이셨으며 그 후에도 건대는 여러 번 미션스쿨로의 방향전환을 시도했었지만 아쉽게도 그렇게 되지 못했을 뿐, 분명 기독교적 이념을 뚜

렷이 가진 학교라고 했다.

또 이런 이야기까지 들었다. 작년 여름 우리학교에서 열린 기독집회 중에 세계적인 예언자인 '신디 제이콥스' 여사가 이렇게 말했다고 했다.

"하나님께서 너희의 모든 기도를 들으셨다. 머지않아 각 캠퍼스마다 대 부흥의 시기를 맞을 것인데, 너희 건국대학교가 그 부흥의 시발점이 될 것이다. 바로 이곳을 통하여 전국의 모든 캠퍼스마다 놀라운 부흥의 역사를 맞이하게 될 것이다."

이는 곧 건국대를 향한 하나님의 뜻을 대언한 것이기도 했다. 순간 난 숨이 막혀왔다. 온몸에 짜릿한 전기가 흘렀다.

'아멘… 주님. 나로부터 그 부흥이 시작되게 하옵소서. 내가 그 중심에 서길 원하나이다.'

그 소름 돋치는 전율은 더 힘차게 내 몸을 감싸 돌았다.

"경헌아! 지금 나 민석이랑 있는데… 니가 빨리 좀 여기로 와줘야겠어!"

"무슨 일인데 그래? 민석이가 왜 어쨌는데…? 응?"

"몰라, 아까부터 이상한 말만 해. 곧 죽을 사람처럼…"

"뭐? 또… 알았어. 거기가 어디라고? 응, 지금 갈게. 기다려!"

안 그래도 소식이 궁금했는데… 마침 걸려온 전화가 또 이런 소식이라니!

'이 자식. 2주 전에 했던 말들은 다 뭐야? 벌써 다 잊었어?!'

목적지에 도착할수록 '오늘도 주님이 민석이의 마음을 만져주세요.'라고 기도하는 내 마음이 더 간절해졌다.

'죽음'이란 단어만 쓰지 않았을 뿐, 민석이는 분명 자살을 말하고 있었다. 그동안 또 무슨 일이 있었던 모양이었다. 민석이는 친구가 병으로 죽었다는 소식을 뒤늦게 전해 듣고 오늘 그 잠든 강가에서 한없이 울고 돌아오는 길이라고 했다. 그리고 오늘 밤 다시 그 강으로 갈 거라고 했다.

어떤 말로도 친구는 듣지 않았다. 서둘러 기차를 타러 가겠다고만 했다. 나는 막무가내로 붙들었다. 지금 민석이를 놓아버리면 영영 보지 못할 것 같았다. 오늘 하루만이라도 무사히 지나가면 좀 괜찮아질 텐데, 말 안 듣는 이 녀석이 답답하기만 했다. 그러다가 실갱이 끝에 결국 민석이는 나를 따라 우리 집으로 들어오게 되었다.

침대 위에 앉아 하나 둘씩 이야기를 꺼냈다. 그러나 서로의 생각이 너무 달라 우리의 대화는 끊임없이 겉돌았다. 새벽 3시를 지나 4시를 향할 때였다. 내 말을 받아들이기 시작한 민석이는 마침내 마음 깊은 곳에서 터져 나오는 진지한 입술을 열었다.

"나도 하나님이 날 사랑하신다는 거 알아. 그런데 언제부턴가 난 세상에 물들어 변해갔고, 그게 하나님께 너무 죄송스러웠어. 이런 내가 싫어 난 그저 피하고만 싶었고, 그래서 주님과 더 멀어지게 되었지. 하지만 아무리 도망쳐도 벗어날 수는 없더라. 주님은 끝까지 날 놓지 않으셨어. 사실 내가 정말 죽고자했다면, 난 여기까지 따라오지 않았을 거야. 아마도 너를 통해서 이런 날 붙잡고 싶었나봐. 또 날 사랑하시는, 그래서 날 붙드시는 그 하나님을 또 다시 느끼고 싶었던 것 같고…."

녀석의 고백에 한숨을 돌렸다. 주님의 만지심에 감사했고 또 내가 쓰임 받게 됨에 기뻤다. 이제는 나도 주님이 기뻐하시는 그 일을 한 것 같았다. 하나님의 마음으로 한 영혼을 품고 다시 주께 인도한 것 같았다. 그래서 이젠 민석이가 힘차게 살아가리라 생각했다. 이러한 확신이 들자 참았던 졸음이 쏟아지기 시작했다.

미련은 없다 사명만 있다

어느 날 찾아온 외로움에 친구들에게 문자를 보내기 시작
했다. 그러다가 예진이의 얼굴이 눈앞에 아른거렸다. 보낼
까 말까… 얼마 전 예진이에게 남자친구가 생겼다는 말을 들은 난
머뭇거릴 수밖에 없었다. 또 그걸 확인하고부터는 연락을 더 자제
해왔다. 아주 가끔씩 서로의 안부는 물었지만 지난번 일 이후로는
연락이 확실히 줄었다. 그게 서로에게 좋았다. 예진이는 지금 남자
친구와 교제 중에 있었고 난 아직 예진이를 잊으려고 하던 중이었
으니깐.

결국 보내지 않았다. 미련… 내게는 없을 것만 같았던 그 감정.
바보같이도 난 그랬다. 가끔 신촌 거리를 지날 때면 왜 이리도 떨리
던지… 혹시나 마주치지는 않을까, 혹 마주치게 되면 어떤 말을 해
야 하나. 설레는 마음에 혼자 피식 웃어보기도 또 걱정스러움에 속
도를 내기도 했다. 그러나 그리 오래 가지는 않았다. 내겐 집중해야
할 또 다른 사명이 있었기에… 예진이는 이제 그냥 좋은 친구일 뿐
이었다.

시간이 흘러서는 큰 감사를 드렸다. 아직은 한 사람에게 집중하
기보다 더 많은 사람들을 만나 사귀는 법을 배워야 할 시기라는 걸
깨닫게 해 주셨기에 말이다.

나는 주위를 둘러보았다. 모두가 하나님의 사랑을 필요로 하는
사람들로, 그렇지 않은 사람은 단 한 사람도 없었다. 나는 친구들의
아픔과 필요를 생각했다. 그리고 그 영혼을 향한 주님의 마음으로

그들을 찾아다녔다. 섬김이라는 사명이 내 생각의 중심이 되어 버린 것이다.

난 이렇게 말하고 싶었다. 나는 비록 네 아픔을 다 알 수 없지만 그분은 너의 모든 아픔을 아시며 그 손길로 널 위로하길 원하신다고. 그리고 주님은 지금 네 마음이 열리길 기다리신다고. 또 그 주님이 널 사랑하시니 나도 널 사랑한다고. 물론 말로 다 표현하지는 못했다. 다만 어떡하든 내 작은 마음이라도 보여 주려 했다.

그 가운데 마음에 걸리는 한 사람이 있었다. 바로 내 사촌 진호 형. 난 뒤늦게 형의 상황을 들었다. 돈을 벌고자 시작한 일이 오히려 더 큰돈을 빚지게 되어 군 입대를 앞두고 남몰래 고민했다는 이야기. 그 사정을 직접 듣고 싶어 난 형의 눈치를 살피기 시작했다.

그 입술의 고백을 받아 적다

그러던 4월의 어느 날이었다. 늦은 밤, 뜻하지 않게 진호 형과의 대화가 시작되었다. 정말이지 형은 내게 마음이 활짝 열려 있었다. 물어보지도 않았는데 형이 먼저 속 이야기를 꺼냈다. 그런데 그 순간 마침 떠오르는 것이, 형의 말을 빠짐없이 적어야겠다는 생각이었다. 나중에 글을 쓸 때 꼭 필요할 것 같았다. 아니 내 필요를 넘어서 '지금 이 상황을 모두 적어라!' 하며 하나님이 강제로 주시는 시간 같았다. 이에 지금 난 그때 받아 적었던 형의 말과 당시의 내 느낌을 이곳에 실어본다.

· 내가 지금껏 23년을 살아오는 동안 예수님을 영접하고 난 이후의 두 달만큼 행복했던 적은 없었다. 오늘 옛 친구들을 만나고 돌아오는 길에 깨달았다. 방탕하게 살았던 나의 지난 삶을 회개하고 이제는 새 출발을 해야겠다고.

— 주님 안에서 형이 변화를 받아 새롭게 하시니 감사합니다.

· 예수님을 믿기 시작한 그날부터 난 악몽에 시달려야 했다. 그 다음날부터는 더 큰 문제가 하나둘씩 터져버렸다. 부모님도 내가 빚진 사실을 알게 되었고 빚쟁이들의 독촉 전화도 걸려왔다. 그 일주일간의 심적 부담감은 정말 말 못하게 엄청났다. 사단이 이렇게 속삭이는 것 같았다. 네가 지금 내 앞에 굴복하면 편해질 것이라고. 그러나 난 하나님의 위력이 더 커 보였기에 뒤로 물러서지 않았다.

─벌써부터 사단의 공격을 알고 맞서기까지 했다니, 정말 놀랍고도 감사한 일이 아닐 수 없다. 그래도 끝까지 믿음의 끈을 놓치지 않은 형이 자랑스럽고, 그 믿음이 흔들리지 않도록 붙들어 주신 하나님께도 감사드린다.

· 너의 간증테이프를 들으면서 난 마음을 지켜 나갔다. 또 그걸 들으면서 잠을 청하면 신기하게도 그날은 악몽을 꾸지 않았다. 사단은 자꾸만 나에게 포기하라고 했다. 예수님 믿는 것을 포기하고 다시는 교회에 나가지 않는다면 이런 악몽과 어려움은 없을 거라고 협박했다. 그러나 난 포기할 수 없었다. 절대로!

─요즘 형이 왜 또 내 테이프를 듣나 싶었다. 녹음한지 1년도 더 지난 부끄러운 내 테이프가 지금도 이렇게 선한 도구로 사용되고 있음에 참 감사했다.

· 기도하는 것이 재미있다. 그리고 모든 것이 예정되어 있는데 그 길을 내게 조금씩 보여 주시는 것 같다. 이제 난 군대 가는 것이 두렵지 않다. 오히려 설레고 기대된다. 하나님께서 날 위해 준비해 놓으신 선물을 찾아가는 길이라 난 믿는다. 그곳에 가서 군종이 된다면 정말 좋을 것 같다.

─믿은 지 얼마 안 된 형에게서 이런 말이 나오다니 참 놀랍기만 하다.

· 너로 인해 이 방에 큰 축복이 내려지고 있는 것 같다. 그리고 우리 집이 예전과는 분명 달라졌음을 확실히 느낀다. 잘은 모르겠지만 하나님께서 너를 통해 우리 집에도 복을 주시고 계시다는 것만은 분명한 사실인 것 같다.

―정말입니까? 할렐루야. 주님, 나를 복의 근원 삼아주시옵소서!

· 네가 있어 참 좋다. 그 많은 대학 중에… 왜 하필 우리 집 앞에 있는 건국대로 와서 이렇게 함께 살게 되었는지… 이건 정말 하나님의 뜻이라고 말할 수밖에 없다. 게다가 내가 군대 가야 할 시점에 딱 맞추어 왔으니! 너에게 부탁하고 싶은 것이 있다. 나 대신 네가 우리 부모님의 신앙을 더 이끌어 주었으면 하는 것과 명호형도 꼭 좀 전도해서 같이 교회 나갈 수 있도록 해 달라는 것이다.

―아멘! 이렇게 다른 사람의 입을 통하여 확증해 주시는군요! 그렇습니다. 나를 건국대로 보내신 것은 당신의 뜻입니다. 또한 나를 이모네 가정에 있게 하심으로 이 가정을 구원하시고 복 주시려는 당신의 크신 계획이었습니다.

당신의 일에 동참하고 싶습니다

지난 2월 초, 원주 캠퍼스 사역에 대한 기대로 부풀어 있을 때 "아직은 시기가 아닌 것 같으니 조금만 더 기다려 보자"는 선교사님의 말씀에 난 적잖이 허탈했었다. 그러나 가만히 기다리는 것, 오직 하나님의 뜻을 구하며 겸손히 순종하는 그 모습, 하나님은 내게 그것을 원하셨던 것 같다. 봐라, 그렇기에 얼마 후 내가 원주에서 서울로 옮겨가게 된 것 아닌가! 이렇게 기다림의 이유를 알려주신 후에는 또 내게 섬김이라는 사명을 주시고, 대학교회 성전건축 운동에까지 동참케 하신 주님이셨다. 나에게 있어 '불타는 사명', 그것은 꺼져서는 안 될 내 영혼의 불꽃이었다. 사명이 있어 존재하고 사명으로 살아가는 나였다.

학기 초부터 정신없는 삶의 연속이었지만 그 와중에도 난 대학교회의 상황을 놓치지 않으려 했다. 교회의 일원은 될 수 없었지만 마음만이라도 그들과 함께하고 싶었던 것이다.

그러던 어느 날, 기쁜 소식이 들려왔다. 총장님이 성전건축 공사 진행에 적극 협조하겠다고 말씀하신 것이다. 드디어 학교 설립 반세기만에 캠퍼스 내 성전건축이라는 그 놀라운 비전의 물꼬가 터졌다.

교회는 축제분위기였다. 눈물의 기도가 응답되어진 것을 본 교회 사람들은 가만 앉아 있질 못했다. 그러나 믿음의 선한 싸움은 아직 끝이 아니었다. 이를 시작으로 공식적인 학교 당국의 절차가 더 필요했다.

이미 철거 날짜를 받아 놓은 상태라 교회는 더 급했다. 도서관 뒤편 언덕배기 산에 세워질 교회, 그리고 이제 곧 시작해야 할 건축시공. 전반적으로 모든 준비는 순조롭게 진행되는 것 같았다.

4월 5일 식목일, 교회를 심기 위한 기초공사가 시작되었다. 형들은 철근 나르는 일을, 누나들은 깡통성전에서 기도를 했다고 하는데, 아쉽게도 난 성묘 때문에 일손을 돕지 못했다. 그날부터 우리들은 성전완공에 대한 큰 기대에 벅찼다. 그러나 때때로 하나님은 사랑하는 자녀들을 쉽고 곧은 길이 아니라 어렵고 꼬부라진 길로 인도하신다.

다음 날 교회는 뜻하지 않은 난관을 맞이했다. 허가 없이 학교의 나무를 베었다며 여러 교수님들 및 학생들이 항의하고 나선 것이다. 또 설상가상으로 우리는 성전건축에 앞장 서신 두 교수님에 대한 징계조치를 추진하겠다는 학교 당국의 통보도 받았다. 기독교인이라는 학교 관계자들도 비협조적이다 못해 탄압적으로 우리를 대했다.

교회는 한순간에 절망의 나락으로 떨어지고 말았다. 처음부터 다시 시작하는 최후의 방책도 벅차 보였다. 우리는 정말 하나님만 바라볼 수밖에 없었다. 환경을 바라보면 모든 것이 실패한 것 같았으나 하늘을 바라보면 그 가운데에서도 희망이 솟아나는 듯 했다.

교회는 '입장표명서'를 통해 공식적인 사과문을 발표했다. 그리고 학교 측 요구대로 파헤쳐진 야산을 원상복구시켰다. 그 후로 식목일의 사건에 대한 비난 여론은 잠잠해졌고 우리들의 기억에서도 차츰 잊혀져갔다.

축복의 교회 - UC건국

결국은 원점이었다. 기초공사 하루가 전부였다. 학교 안의 성전건축은 현실상으로 불가능해 보였다. 이미 깡통성전은 철거되었고 우리는 그야말로 오갈 데 없는 신세가 되어버렸다.

하루는 기초공사를 감행했던 그 자리에 돗자리를 깔고 예배를 드렸다. 예배 도중 하늘에서 빗방울이 떨어지기 시작했고 점점 빗줄기가 굵어져만 가는데도 우리는 끝까지 우산을 펴지 않았다.

교회는 그 이후에도 계속 떠돌이 예배를 드렸다. 한동안은 상가 지하에서 또는 건물 옥상에서 예배드렸다. 친구와 나도 어디서 예배를 드리든지 간에 다 따라다녔다. 사실 어떤 때는 가기 싫은 마음도 들었지만 일단 가기만 하면 오길 잘했다는 생각이 들 정도로 예배 가운데는 늘 은혜가 풍성했다.

그러던 중에 교회는 학교 주변의 한 건물을 구입해 들어가기로 했다. 이제 건국대학교회 성전건축의 비전은 이렇게 또 다른 하나님의 방법으로 사명 완수의 빛을 발하기 시작한 것이다.

다음은 모든 것이 다 원점으로 돌아갔던, 그 주의 주보에 실렸던 주일설교 중의 일부이다.

이번 성전건축은 캠퍼스 안에는 교회가 필요 없고 세워져서도 안 된다는 악한 의식에 반기를 든 사건입니다. 이 영적 비밀을 깨달으신 여러분은 축복받은 자들입니다. 우리가 성전건축을 이루든 이루지 못하든 이번 사건은 마리아가 힘을 다해 주님을 위하여 향유를 부은 것처럼, 힘없는 학생들이 힘을 다해 교회를 세워보고자 했던 것입니다. 유다는 향유를 허비했다고 그 여인을 비난했지만 주님께서는 "가만 두어라 너희가 어찌하여 저를 괴롭게 하느냐 저가 내게 좋을 일을 하였느니라" 하셨습니다. 다른 이들이 무어라 하던 우리는 주님께 좋은 일을 한 것입니다. 오늘 본문에서 주님께서는 또 이렇게 말씀하십니다. "온 천하에 어디에서든지 복음이 전파되는 곳에는 이 여자의 행한 일도 말하여 저를 기념하리라 하시니라." 우리의 성전건축 과정이 전국에 알려진다면, 전국의 캠퍼스마다 예배의 소중함과 교회의 소중함을 알게 될 것입니다.

지난 약 3개월 동안 고난의 십자가를 짊어졌던 대학교회는 6월을 맞이하여 성전건축의 목표를 완수하게 되었다. 비록 우리가 기대했던 아름다운 산 속 성전의 꿈은 좌절되었지만 교회는 우리들의 생활 가운데 깊이 들어온 것이다(학교 후문 쪽에 있는 상가건물로 학생유동인구가 가장 많다). 더 많은 물고기를 잡기 위해 깊은 곳에 그물을 던지듯 주님은 우리들을 세상의 한 중심에서 사람 낚는 어부가 되게 하려 하신 것은 아닐까 생각해 본다. 게다가 학생들을 위한 전도카페 겸 크리스천 문화공간까지 예배당 옆 건물에 허락하시니 말이다. 그러면서 교회 이름을 'UC건국'으로 바꾸었고 더불어 CCM비전도 'UC비전'으로 그 명칭을 바꾸었다.

(그러나 여름방학부터 난 그 교회에 발길을 끊게 되었다. 그리고 약 1년 뒤 다시 찾아가게 되었을 때, UC비전은 정말로 전 세계로 퍼져 나가고 있었다. UC서울시립, UC고려, UC신촌 등 서울에 있는 대학교뿐만 아니라 미국

의 UC남가주, 일본의 UC큐슈 등, 하나님은 건국대학교를 중심으로 전 세계 대학가에 놀라운 부흥의 물결을 일으키고 계셨다.

다음의 UC 공식 홈페이지를 찾아가보라. http://uc.or.kr/).

이제 그 일을 시작하리라

그렇게 한 학기를 보냈다. 늘 깨어 있기 위한 자신과의 싸움 속에서 주님이 내게 주신 사명을 다하며 살았다. 그러면서도 난 더욱 낮아지고 깨어졌다. 도대체 언제까지냐고 묻는 내 물음도 변함없었고 침묵이라는 그분의 답변도 마찬가지였다. 때때로 난 털썩 엎어져 흐느꼈다. 끝이 보이지 않는 '기다림의 삶'에 지칠 대로 지친 것이다.

자아의 죽음을 알게 되었다. 자기를 부인한다는 말의 뜻도 온 몸을 통해 깨닫기 시작했다. 나는 정말 주님 앞에서 아무것도 아니라는 고백을 드렸다. 이렇게 난 완전히 깨어지고 죽어졌다.

"내가 그리스도와 함께 십자가에 못 박혔나니 그런즉 이제는 내가 산 것이 아니요 오직 내 안에 그리스도께서 사신 것이라 이제 내가 육체 가운데 사는 것은 나를 사랑하사 나를 위하여 자신의 몸을 버리신 하나님의 아들을 믿는 믿음 안에서 사는 것이라"

—갈라디아서 2장 20절

"형제들아 내가 그리스도 예수 우리 주 안에서 가진바 너희에게 대한 나의 자랑을 두고 단언하노니 나는 날마다 죽노라" —고린도전서 15장 31절

'갈라디아서 2장 20절'의 말씀과 '고린도전서 15장 31절'의 말씀이 내 가슴에 깊이 와 닿았다. 날마다 그리스도 예수 안에서의 죽

음 그리고 그 믿음 안에서의 삶. 나는 이제 그 의미를 조금이나마 이
해할 수 있을 것 같았다.

"오, 주님. 그렇습니다. 당신은 나보다 더 지혜로우십니다. 당신
의 길이 더 빠르고 정확한 길이었습니다. 나는 정말 아무 것도 아
닙니다. 오직 주님이 나의 전부이십니다. 당신만이 내 모든 것 되
십니다."

눈물의 고백을 드릴 때마다 주님은 내 지난 기억들을 떠올려 주
셨다. 이해할 수 없었지만 주님을 신뢰함으로써 참아왔던 시간
들— 갑작스런 아빠의 죽음과 억울했던 고3 수험생활, 충격의 수
능시험과 예진이와의 문제, 또 뜻하지 않던 건대 입학과 내 모든 아
픔의 순간들까지. 그러나 이 모든 것을 통하여 결국 당신의 살아 역
사하심을 나타내시며 언제나 기대 이상으로 내 길을 인도하시며 내
삶을 축복하셨던 주님, 그분은 내게 '이제 그 일을 시작할 때'라고
하셨다.

이에 나도 책 출가 프로젝트— 주님이 주신 그 사명을 위해 또 다
시 불 같은 열정을 다 쏟아 내리라 다짐했다.

제6장

The Grab
그분의 손이 나를 붙들다

이제는 정리하는 일만 남았다고 생각했다.
더 이상의 이야기는 없을 것 같았다.

.

.

그러나 아니었다.
글 쓰는 그 과정이야말로
나를 더 다듬기 위한 하나님의 훈련장이요
내 성품이 더 온전해져 가는 광야의 시간들이었다.

.

이제 그 일들을 기록해 본다.
그러나 이 장은 끝이 나지 않을 것이다.
주님 손에 붙들린 내 삶은 영원히 계속될 것이기 때문이다.

책 비전에 사로잡히다

2002월드컵의 열기가 아직 다 가라앉지 않은 7월 초부터 난 집필을 시작했다. 핸드폰도 끊고 점심 금식을 하며 이모네와 학교만 오가는 생활을 계속했다. 집필 전에는 항상 기도로 힘과 지혜를 구했다. 특별히, 과거를 정확히 되살리는 '기억력'과 새로운 깨달음을 발견하는 '통찰력', 그리고 적절한 언어로 기록하는 '표현력'을 달라고 기도했다. 또한 정결한 마음과 정직한 영을 주사 조금이라도 거짓되거나 내 중심적인 글을 쓰지 아니하고 오직 당신의 나라와 의에 모든 초점을 두겠노라 고백하며 작업을 해 나갔다.

물론 가끔은 기도 없이 내 능력을 의지했을 때도 있었다. 하지만 그때마다 난 항상 멍하니 몇 자 적다가 다시 지우는 헛수고만 반복하게 되었다. 그래서 이젠 안다. 그나마 내가 이 만큼이라도 글을 쓰는 거, 오직 내 손을 잡고 이끄시는 주님 한 분 때문이라는 것을.

글을 쓰면서 가장 놀라웠던 것은 주님이 예비하신 '집필환경'이었다. 그 환경이란 두말할 나위 없이 이모 댁에서의 삶이다. 내가 전혀 생각지 못했던 집필환경, 그러나 주님이 내게 말씀하신 '훈련받고 준비될 환경'은 바로 건대 앞 이모네 집이었던 것이다.

그곳에서는 쉽게 나 자신을 통제하고 절제할 수 있었다. 일단 날 부르는 여러 유혹들이 없었다. 만약 집에 있었다면 틈만 나면 내게 손짓할 컴퓨터나 텔레비전, 냉장고 그리고 침대로부터 벗어날 수 있었다. 따라서 난 나태와 게으름 그리고 사명 망각이라는 사단의 공격에서 벗어나 집필 작업에만 집중할 수 있었다. 그런 의미에서 이

모네는 내게 최적의 생활조건이었고, 그 환경이 아니었다면 이 책은 출간시기가 훨씬 늦어졌거나 세상에 나오기 어려웠을 것이다.

난 과거와 현재 그리고 미래를 동시에 살았다. 과거로 돌아가 옛 시간들을 추억하는 삶을 살았고 그 기억들을 끄집어내어 기록해 가는 현재의 삶을 살았으며 또 그것이 완성되어질 미래의 그날을 꿈꾸며 살았다.

물론 가장 행복했던 시간은 미래를 사는 시간이다. 나는 그 시간을 "꿈꾸는 시간"이라 말한다. 글을 쓰다 머리가 복잡해지면 난 가만히 눈을 감는다. 그러면 끝없이 펼쳐지는 미래의 모습 속에― 출판 직후 사람들의 반응과 변화, 그리고 주님이 나를 이 시대의 부흥의 첫 주자로 세우시는 모습, 더 나아가 다시 오실 주님을 예비하는 내 힘찬 발걸음까지도 보인다. 그리고 그 모습대로 날 이끄시기를 기도한다. 이렇게 꿈꾸는 시간은 내게 큰 위로와 활력소가 된다. 내 책을 통해 많은 사람들이 도전받고 변화될 것만 같은 느낌, 기도하며 받은 생각들이 정말 주님의 뜻과 계획이라는 확신, 영광의 그날에 높임을 받으시고 기뻐하실 주님의 그 미소. 그 황홀한 기분은 느껴보지 못한 사람은 절대 모른다.

이렇게 내 모든 삶은 주님이 주신 비전에 이끌려갔다. 그 사명에 완전히 붙들리고 말았다. 어디를 가든지 무엇을 하든지 '프로젝트'는 내 머리 속에서 절대 떠나질 않았다.

피하지 못한 유혹

유난히도 무더웠던 한여름 밤, 창문을 활짝 열고 타자를 치고 있는데 옆집에서 시끄럽게 떠드는 소리가 들려왔다. 한 마디 할까 싶어 옆 건물 방을 내려다보았다(참고로 내 방은 3층, 옆 건물 여자들의 방은 2층으로 위에서 내려다보면 방의 절반이 보인다). 방에는 이십대 중반으로 보이는 여자 둘이 속옷 차림으로 엎드려 서로 장난을 치고 있었다.

허걱, 놀란 입을 다물 수 없었다. 몸이 완전히 굳어 버렸다. 이제 어떻게 해야 하나 생각했다. 순간 즉시 고개를 돌리고 창문을 닫아야 한다는 생각이 들었다. 그러나 가만히 있어도 땀이 나는 이 더위에 창문을 닫는 것은 내 방을 찜통으로 만드는 짓이라는 생각이 들었다. 다만 고개를 돌려 하던 일이나 다시 해야겠다 싶었다. 그러나 그건 머릿속 생각뿐, 눈동자조차 움직이지 않았다. 결국 난 창문에 달라붙고야 말았다.

심장은 가빠지기 시작했고 입술은 계속해서 타 들어갔다. 몇 번이고 쿵쾅대는 심장소리를 죽여보고자 노력했고 마른 입술에 침을 계속 묻혀봤지만 그 순간뿐이었다. 그러면서 내 자신에게 물었다.

'야 너 지금 왜 그래? 넌 하나님의 사람이잖아!'

그때까지 내겐 '정결함'에 대해선 남다른 자부심(?)이 있었다. 음란물에 중독되거나 성적으로 큰 죄책감을 느껴본 적이 한 번도 없었다. 나는 내 성적욕구를 사역에 대한 열정으로 잘 바꾸어 나갔을 뿐더러 음란의 죄를 미워하기까지 했다(갑자기 컴퓨터에 이상한 화면이

떴을 때, 즉각 눈을 가리거나 화면을 돌린 것은 내가 악을 미워하고 있다는 증거다). 물론 성적 공상이나 음란한 생각을 한번도 안했다는 것은 당연히 아니다. 그저 건강한 남자로서의 본능 정도였지 그것에 오랜 시간 사로잡힌 적은 없었다는 말이다. 친구들도 깜짝 놀랄 정도로 난 지금까지 그런 유혹들을 잘 피해왔었다. 그런데… 그런데 오늘 난… 악을 사랑하는 죄의 종이 되고 말았다!

숨어서 그들을 주시하는 나. 하나님도 지금 이 모습을 보고 계실 텐데… 내 자신에게도 실망했고 하나님께도 부끄러웠다. 그럼에도 난 불이 꺼진 새벽 3시까지 그 상황을 벗어나지 못했다.

다음 날도 하루 종일 그 영상들만 떠올랐다. 그리고 내 안에 가득 했던 음란의 죄악들이 나를 괴롭게 했다. 그런데 왜 또 내 마음은 오늘밤을 기다리고 있는 것일까? 내 자신에게 소름이 쫙 돋았다.

그날 밤에도 창틀에 붙어 앉았다. 또 지고 만 것이다. 게다가 어제보다 더 자극적이었다. 한 여자가 전날 새벽에 나가 남자친구와 성관계한 것을 소리 내어 재연하는가 하면 또 샤워하고 나와 방에서 옷 갈아입는 모습까지. 이렇게 그 여자들은 내 정신을 쏙 빼놓았다.

숨어서 지켜보는 중에 어디선가 이건 아니라는 소리가 들려왔다. 그래서 이렇게 기도했다. '주님, 이 세상에는 저들과 같이 음란한 자들이 너무나 많습니다. 이 음란의 죄악들을 어찌하면 좋겠습니까?'

그러나 주님은 그 즉시 내게 이렇게 답하시는 것 같았다.

'너도 저들과 다르지 않구나. 네가 진정 나의 거룩한 종이라면 지금이라도 당장 창문을 닫고 이 음란한 세대들을 위해 기도하라.'

정말 그랬다. 난 저들과 하나도 다를 바가 없었다. 조금이라도 내 의를 내세우고 싶었지만 사실은 나 역시도 저들과 똑같은 음란한 죄인이었다. 그러나 난 이렇게 주님이 원하시는 바를 알았음에도 불구하고 끝까지 그 말씀에 순종치 못했다.

그 다음 날도 마찬가지. 도저히 내 마음을 다스릴 수 없었다. 마치 누군가의 지배를 받는 듯 했다. 주님은 음욕만 품어도 간음한 것이라 했는데 난 삼일 동안 몇 번의 간음죄를 저질렀는지 모른다. 결국 내 힘으로 할 수 없다는 걸 알았다. 쓰러져 기도할 수밖에 없었다.

"주님, 저도 이런 제 모습이 싫습니다. 빨리 이 상황에서 벗어나고 싶습니다. 그러나 저로선 불가능합니다. 주님이 친히 도와주셔야만 합니다. 눈물로 회개하며 나아 가오니 나를 불쌍히 여기소서."

다음 날, 아침부터 큰비가 내렸다. 난 창문은 물론 커튼까지 쳤고 비는 장마가 되어 며칠이 지나도록 계속되었다. 비가 그친 뒤에도 그 방에는 한참이나 불이 들어오지 않더니 얼마 후 언뜻 내려다보니 이번엔 어떤 남자가 살고 있었다. 다시 예전으로 놀아갈까 두려웠는데 정말 다행이었다. 그제야 난 큰 안도의 한숨을 쉬었다.

당신보다 앞서가지 않겠나이다

사람들은 꿈꾸는 자를 이해하지 못하는 법, 사람들은 내 꿈을 듣고는 이런 쓴 소리를 퍼부었다.

"네가 지금 몇 살인데 자서전을 쓴다고 그래? 책은 네가 나이들고 성공한 다음 내는 거야. 괜히 쓸데 없는 짓 하지마."

"누가 네 책을 출판이나 해준데? 대체 무슨 내용인데 그래? 언제쯤 볼 수 있는 건데? 정말 책이 나오기는 하는 거냐?"

내가 조급함을 느꼈던 것도 바로 이 때문이었다. 무시 받는 이 불쾌한 느낌에서 빨리 벗어나고 싶었다. 하루라도 더 빨리 그들에게 내 책을 건네며 "이 책은 바로 하나님의 꿈이었습니다!"라고 당당히 말해주고 싶었다.

그래서인지 내 마음 속에서도 이와 비슷한 소리가 들려왔다.

"어린놈이 무슨 책을 쓴다고 난리냐? 다른 사람들의 삶이나 글에 비하면 넌 아무 것도 아냐! 과연 네 책으로 사람들의 삶이 변화되기나 할까? 어림없어! 그 정도로는 안 돼."

부정하고 싶었지만 한편으론 정말 그럴지도 모른다는 생각이 들었다. 다른 사람에게는 내 경험과 깨달음이 별일 아닌 것 같았고 특히 어른들에겐 내 글이 많이 미숙하고 유치해보일 것 같았다. 뿐만 아니라 나에 대해 함부로 판단하고 비판하는 목소리, 혹은 아무에게도 주목받지 못하고 무심하게 서점 한 귀퉁이 자리만 차지하고 있는 내 책의 모습까지 그려졌다.

완벽해야 한다는 생각도 들었다. 그러나 아무리 고쳐봐도 만족할 수 없는 나의 글, 다른 작가의 책을 보면서 느끼는 열등감, 또 누군가 내 글에서 잘못된 점을 콕 집어낼 것 같은 불안 때문에 난 오랜 시간 마음을 졸이며 살아야 했다.

그러던 어느 날 선교사님이 말씀하셨다.

"경헌아. 넌 지금 너무 앞서고 있구나. 조급해 하지 말고 성령의 인도하심을 따라 차분하게 글을 쓰렴. 부정적인 생각들은 무시해 버리고 오직 하나님이 날마다 너에게 말씀하시는 그 음성에만 귀 기울여라. 하나님은 '완성된 책'이 아닌 그날을 위해 기도하는 경헌이의 '매일의 삶'을 더 기뻐하신단다. 이미 하나님은 네 마음을 받으셨어. 그러니 나중에 있을 것들에 대해 미리 염려하지 말거라. 넌 그냥 성령의 이끄심 가운데 모든 걸 주께 맡기렴. 그러면 그분이 다 책임져 주실 것이야."

정말 그랬다. 난 앞서가고 있었다. 나의 생각이 주님의 말씀보다 앞서서 내 길을 만들고 계획했다. 그리고 내 작은 생각들로 전능한 하나님을 제한하고 때론 강요하기까지 했다. 마치 수능을 앞두고 내 기도를 들어주셔야만 한다고 욕심 부렸던 고3 시절처럼 난 똑같은 실수를 반복했다는 것을 깨달았다. 또다시 무릎을 꿇었다. 이제부터는 내가 하나님보다 앞서거나 뒤쳐지지 아니하고 옆에서 주님과 같이 동행하겠다고 기도했다.

앞으로도 언제나 잊지 않아야겠다.

겸손히 주님을 신뢰하는 것. 우리 주와 동행하며 길을 가는 것.

내게 모든 것을 맡기라

학교생활을 하면서 글을 쓴다는 것은 결코 쉬운 일이 아니었다. 이는 마치 밥상 앞에서 수학문제 풀기만큼 산만하고 짜증나는 일이었다.

시험 기간이 되면 더욱 그랬다. 진짜 하고 싶은 일은 뒤로 하고 관심도 없는 학문에 대해 공부해야 한다는 것이 너무 싫었다. 예상 집필 완료일은 다가오는데 자꾸만 다른 일들이 생겨나니 그때마다 짜증이 났지만 그렇다고 안 할 수도 없는 노릇이었다.

각종 모임과 행사는 끊이질 않았다. 방학이 되어도 누구를 만나고 어디를 가야 하는 일은 꼭 생기고 말았다. 차분한 마음으로 집중해서 작업에 임해야 할 나에게 바쁨과 분주함은 가장 큰 적이었다.

그 가운데 내게 필요했던 것은(지금도 필요한 것은) ‘모든 것을 맡기는 믿음’이었다. 주님은 항상 나에게 "모든 것을 내게 맡기라"고 말씀하셨다. 처음엔 잘 몰랐지만 난 조금씩 그 의미를 깨달아갔다. 내 자신을 비우고 그 자리에 오직 하나님만 채우는 것, 내 생각이나 내 경험 또 내 기대를 담는 것이 아니라 그분의 약속과 그분의 계획 그리고 그분의 마음, 오직 그분 자체만을 담는 것 말이다!

그러면서 그분은 내 안의 우상들을 제거해 가셨다. 하나님보다 더 사랑했던 것들— 완성될 책의 모습과 그것을 통해 내가 얻게 될 영광. 이 모든 것들을 내려놓고 오직 주 하나님만 바라며 기다리라고 하셨다.

나는 성전 건축자입니다

책은 나만의 성전이었다. 구약시대의 많은 사람들이 하나님의 집을 지으려 했던 마음으로 나도 한 권의 책— 성전을 짓고 싶었다.

물론 처음에는 아무 것도 없었다. 오직 주님의 사랑을 다른 이에게 전하고픈 내 작은 열정 뿐. 그러나 기도하며 나아갔을 때 주님은 필요한 그 모든 것을 내게 허락하셨다.

건축은 생각보다 쉽지 않아 때때로 실수하기도 했으나 그때마다 주님은 내가 친히 이 성전을 건축할 것이며 완성될 그날에 너도 나와 함께 내 영광에 참예하게 될 것이라는 말씀으로 위로하셨다.

시간이 지날수록 솜씨는 늘어나고 속도 또한 빨라졌다. 뚜렷한 틀이 잡히면서 어떤 곳은 허물고 다시 짓기도 했으며 이곳저곳 멋지고 아름다운 장식을 새로 달기도 했다. 맘대로 되지 않을 땐 짜증이 나기도 했지만, 그렇다고 모두 내 뜻대로 되는 건 아니었다. 그럴수록 내가 더 하나님 앞에 엎드려야 함을 배웠고, 그분의 뜻대로 그분의 시간에 그분의 방법으로 이루어지는 성전의 모습을 보게 되었다.

그 작업의 헌신으로 난 내 삶의 일부를 포기해야만 했다. 다른 곳에 투자할 내 시간과 에너지 그리고 주변 사람들. 공부에만 몰두했던 고3때처럼 난 오직 집필에만 내 혼을 쏟았다. 그래서 현실에서 누릴 수 있는 기쁨도 다 반납했다.

그러나 반면에 얻은 것도 참 많다. 먼저 답답했던 내 마음이 한결 후련해졌다. 지난 시간 이해할 수 없었던 모든 일들, 마음의 상처로

남을 뻔 했던 일들이 조금씩 가슴으로 이해된 것이다. 그리고 성전을 지으려 했던 것은 먼저 내가 아니라, 주님이 나를 통해 이루시고자 하신 당신의 소망이었음을 알게 되었다(너희 안에서 행하시는 이는 하나님이시니 자기의 기쁘신 뜻을 위하여 너희로 소원을 두고 행하게 하시나니). 나는 글을 쓰면서 더욱 확신할 수 있었다.

또한 그분은 성전완공 후 이어질 사명에 대해서도 보여 주셨다. 내게 주신 비전을 많은 이들과 나누고 그들과 함께 이 시대에 부흥을 이끄는 것이 성전을 짓게 하신 그분의 뜻과 이유임을 알게 되었다. 이에 난 끊임없이 기도한다.

'내 피와 땀 그리고 눈물로 이 성전을 짓습니다. 오직 주께만 온전히 올려드립니다. 홀로 영광 받으시옵소서. 또 이 성전이 주님께 쓰임 받아 많은 이들에게 영향력을 끼치는 역사가 있길 원합니다.'

고독이 아닌 외로움

혼자 있는 시간이 늘면서 성격까지 변했다. 조용하고 소극적이었던 어린 시절의 모습으로 돌아갔다. 말도 먼저 못걸겠고 또 어떤 때는 슬쩍 피하기도 했다.

보고 싶은 동창들도 많았지만 참았다. 만나자는 이들을 자꾸 외면하는 내 마음도 편치는 않았지만 그만큼 시간은 더 늦어질 것이고 그에 따른 부담감만 가중될 뿐이라 생각했다. 빨리 일을 끝내는 편이 좋았다. 그래서인지 난 더더욱 혼자가 되어 갔다.

저녁내 대여섯 시간씩 책상 앞에만 있었다. 이건 정말 외로움과의 싸움이었다. 우울한 기분에 글도 못 쓰고 누워있을 땐 더 그랬다. 자꾸 사람이 그리웠다. 아무도 이해 못할 때에도 나를 받아주고 격려해 줄, 그래서 내가 기대고 의지할 수 있는 그 어떤 사람. 그러나 아무도 없었다. 오직 주님만이 저 멀리 서 계실 뿐이었다.

어쩌면 이것이 고독과 외로움의 차이 아닐까? 고독은 내가 주님의 품 안에서 나 홀로 즐기는 감정이지만 외로움은 사람들에게서 멀어진 나 자신을 바라볼 때 스스로 갖는 연민의식이라 구분해 본다. 나는 그런 고독 속에 있다가 어느 순간 외로움에 빠져 버렸다. 주님과 교제했던 기쁨의 시간들은 다 잊고서 난 친구들과 떨어진 곳에 찾아 앉았다. 그리고 이런 생각을 했다.

'왜 나는 저들과 다른 삶을 살고 있는 걸까… 왜 나만 이렇게 외롭고 힘든 삶을 살아야 하는 걸까….'

주님 한분만 붙들다가도 손에 힘이 빠지면 나도 모르게 옆 사람을 보게 된다. 그리고 자꾸만 기대고 싶어진다. 이는 예진이를 바라봤던 고3 수험 시절, 그때와 별반 다르지 않은 일이다. 하긴 그땐 예진이란 친구라도 있었다. 그러나 지금은…없다. 아니, 지금은 때가 아니라는 걸 알기에 난 사람을 찾지 않기로 했다.

하나님도 내가 고독의 즐거움 속에서 더 준비되기를 바라셨다. 그리고 네게 맞는 배필을 준비해 둘 테니 기도하며 기다리라고 하셨다. 그 뜻을 알게 되면서 난 이런 다짐을 하게 되었다. 적어도 지금 내게 주어진 사명을 완수하기 전까지는 한눈팔지 않겠다고.

그러나 쉽지 않은 일, 나는 몇 번이고 흔들릴 수밖에 없었다. 단순히 외로워서가 아니라 기다림의 고통까지 더해지면서 말이다. 그러나 그럴 때마다 난 이런 기도를 드리면서 마음을 다스리고자 했다.

"주님… 지혜롭고 현숙한 여인, 하나님을 경외하는 여인을 원합니다. 그래서 평생 같은 곳을 바라볼 수 있는 사람을 기다립니다. 그러나 나보다 나를 더 잘 아시는 주님께서 내게 가장 잘 어울리는 사람이 누구인지 아십니다. 그리고 나의 배필을 이미 예비하셨음도 믿습니다. 어딘가에 있을 그녀와 언제나 함께하시고 늘 지켜 보호해주세요. 그래서 훗날 당신이 원하시는 때에 그녀를 만나 서로 아름다운 사랑을 나눌 수 있도록 인도해 주세요."

주님의 계획은 히브리학과였다

2학기 땐 학과진로에 대한 고민까지 시작되었다. 사실 난 처음부터 경영이란 학문에 별 관심이 없었다. 그래서 4년 동안 학업에 매진할 자신이 전혀 없었다.

그러던 차에 아시아에서 유일하다는 건국대 문과대학 내 '히브리학과'를 알게 되었다. 아니 수능 보기 전에도 선교사님을 통해 듣기는 했었다. 그러나 그땐 대수롭게 보지 않았다. 그런데 이제 와 다시 생각해 보니 결코 가볍게 볼 학과가 아니었다. 이 마지막 시대에 이스라엘을 회복시키시는 하나님의 마음을 알게 되면서 갑작스레 히브리학과로의 전과를 생각해 보게 되었다. 그러자 그 후로 이스라엘 관련 기사만 보면 눈이 동그래지는 현상이 그대로 이스라엘 선교라는 거룩한 부담이 내 속에서 일어난 것이다. 그리고 이 사명을 위해 나를 건국대학교로 보내셨다는 확신도 생겼다.

선교사님은 나보다 더 좋아하셨다. 그러면서 하시는 말씀이 한때 건대 히브리학과가 전국 신학교 출신 목회자까지 다 몰려서 55:1이라는 경쟁률을 기록했으며 또 누군가를 권고했지만 정말 가고 싶어도 점수가 너무 높아 갈 수 없었다고 하셨다. 그래서 사실은 나 역시도 그곳에 가길 바라셨지만 높은 경쟁률 때문에 불가능하리라 생각하셨다고 했다. 그러나 내가 우리 학교는 자유로운 전과제도 덕분에 과를 쉽게 옮길 수 있고, 따라서 나도 2학년 때에 히브리학과로 전과할 거라고 말씀드렸더니 선교사님은 정말 그 자리에서 일어나 춤이라도 추실 것 같았다.

또 선교사님은 덧붙여 요한계시록에서의 '봉함을 열라' 하신 말씀에 따라 지금 이 시간 우리는 주님이 다시 오심을 준비하며 긴박한 전도를 해야 한다는 것과, 히브리 원어를 컴퓨터에 입력해 마지막 때를 말한 『Bible Code』 이야기도 해 주셨다. 그리고 내가 건대로 가게 된 것이 다 히브리학과 때문인 것 같다고 하시며 이 모든 것을 예비하신 주님께 감사드렸다.

이어서 군대문제가 걸렸는데 언제 어떻게 군대를 가야할지 고민하고 시름했다. 그러던 중에 학군단 후보생인 한 선배로부터 ROTC에 대한 이야기를 듣게 되었고, 난 곧바로 소대장이라는 직책에 상당한 매력을 느꼈다. 결국 고민 끝에 결단했다. 군부대에서 영향력을 발하는 장교가 되어 많은 장병들을 그리스도께 인도하겠다고! 그렇게 다짐하니 군대에 선교하러 갈 그날이 기다려지기 시작했다.

또 다시 선택의 갈림길 앞에서

1학년 겨울 방학을 마무리하는 시간, 난 또 다시 선택의 갈림길 앞에 섰다. 그때의 고민은 무엇이었고 또 어떻게 기도하고 결정했는지를 잘 보여 주는 당시의 글이 여기 있다.

지난 토요일 청소년교회 목사님이 저를 부르시며 말씀하셨습니다.
"지금 워십리더가 3월초까지만 한다는데 후임자가 없구나. 네가 그 직분을 맡아주면 어떻겠니? 기준이가 너를 도와주기로 했단다."

너무나 갑작스러운 제안이었습니다.
부담스러웠지만 쉽게 거절할 수 없었습니다.
사실 저는 그동안 글을 쓰면서 앞으로의 제 모습을 그려왔습니다.
많은 사람들 앞에서(특별히 청소년과 청년들 앞에서)
찬양을 인도하고 말씀을 선포하는 비전이었습니다.
그렇기에 혹시나 이것이 책 출간 전에 나를 준비시키시려는
주님의 뜻과 계획이 아닐까 하는 생각이 강하게 들었던 것입니다.

이번 주일부터 기도를 시작했습니다.
내 생각은 내려놓고 오직 주님의 생각으로만 채워달라고 기도했습니다.

그런데 요즘 들어 제 마음속에 새롭게 주시는 생각이 있습니다.
지금의 내 상황만을 바라보지 말고,
먼 훗날 날 위해 예비하신 그때를 바라보며
지금 나만의 유익만을 바라보지 말고,

하나님과 다른 사람들의 필요를 바라보며

다가올 어려움을 두려워하지 말고,

오히려 그 어려움을 통해 하나님이 부어주실 은혜를 기대하며

시간이 더 걸릴지라도 그래서 더욱 어려운 상황에 처하게 될 지라도

하나님이 주신 꿈은,

반드시 하나님의 때에 하나님의 방법으로 이루어질 것이라는 것.

…그렇게 약 5일이 흘렀습니다.

지금은 워십리더가 주님이 원하시는 바라고 생각됩니다.

제 마음 속 깊은 생각까지도 주님이 주장하신다고 믿기 때문입니다.

〈2003년 2월 20일〉

갑자기 두려워졌다. 더 늦어질 집필 작업, 또 그에 따른 수많은 권리포기, 생각만 해도 끔찍했다.

그밖에도 여러 가지 것들이 날 막아섰지만, 주님은 계속적으로 '이것은 내가 너에게 주는 자리이니 순종하라'고 말씀하셨다. 프로젝트, 이 일이 진정 주님의 것이라면 나 역시도 그분의 음성에 순종해야만 했다. 책을 더 빨리 내고자 그 말씀에 순종치 않는다면, 책은 곧 내 욕심 가득한 야망에 불과한 것이란 뜻이 된다. 그렇기에 끝내 난 워십리더를 맡겠다는 그 어려운 결단을 내리고야 말았다.

준비되어야 쓰임 받는다

목사님의 뜻에 따라 난 3월부터 예배인도자가 되었다. 그러나 아직은 기준이형 옆에서 보고 배우는 단계를 거쳐야 할 인턴리더의 자리였다. 그렇기에 내가 메인리더가 되기 전까지의 시간, 3월부터 9월까지는 세우심을 위한 준비기간이였다.

그 기간 동안 받았던 훈련, 그 중 가장 중요했던 한 가지는 바로 사람들과 함께 주님을 예배하는 삶이었다. 사실 그 전까지만 해도 내 신앙은 개인주의화 되어 있었다. 아마도 혼자 있는 시간이 많아진 고3때부터였을 것이다. 그땐 내 나름대로 공부에만 몰두하느라 은둔생활을 즐겼다. 그러나 대학에 올라와서도 마찬가지였다. 현실을 버리고 집필 작업에만 열중했다. 그래서 공적 예배와 사람들과의 나눔은 불편했다. '사람들과 함께' 있기보나 '나 혼자만의 생활' 을 더 좋아했다. 그러나 지금 생각해보면 그건 일종의 피해의식과 자기교만이었고, 게다가 주님이 원하시는 바도 아니었다.

나도 이렇게 변해버린 내 자신이 싫었다. 하지만 이를 위해 더 빨리 작업을 마쳐야겠다고 생각했을 뿐이었다. 그러나 주님은 바로 그 순간부터 나를 조금씩 바꿔가셨다. 찬양팀 리더라는 자리를 통해 내 삶이 다시 변해 간 것이다. 먼저 예배 중에 임재하시는 성령인 하나님을 사모하고 기대하는 마음을 되찾게 되었다. '맑은 소리' 를 이끌면서 학교 부흥을 위해 친구들과 함께 기도했던 바로 그때처럼. 뿐만 아니라, 굳어 있던 얼굴이 다시금 편안한 미소를 띠었다. 잃어버렸던 내 안의 자신감을 회복한 것이다. 그러자 서먹했던 관계를

회복하는 시간이 점차 많아졌고 더불어 삶의 여유와 유머까지 생겨
났다.

　다음으로 주님은 교만과 유혹의 덫을 보여 주셨다. 리더란 그 높
이만큼이나 의무와 책임, 그리고 위험이 뒤따르는 자리이다. 예배인
도자 역시도 많은 사람들의 시선을 한 몸에 받고 있기에 교만과 인
기에 대한 유혹이 많았다. 그래서 어느 날인가 난 내 입에서 나를 높
이고 상대방을 깎아내리는 말이 튀어나온 것을 보고 놀란 적이 있다
(장난의 말이라도 그 속에 뼈가 있음을 난 인정한다). 늘 언제 어디서나
누구에게나 겸손함으로 행하는 것이 주님의 종으로서의 도리인데
내가 또 교만하였구나 하면서 반성과 후회를 반복했다. 이렇게 주님
은 세우심 뒤에 놓인 덫들을 미리 보이시며 나로 더 큰 세우심을 준
비케 하셨다.

　하지만 더 이상 기다리는 것이 싫었다. 사실은 내가 더 준비되는
귀한 시간임에도 자꾸 난 사역 때문에 집필 작업이 늦어진다고 슬퍼
했다. 기다리며 준비되는 것 — 그러나 사실은 이 역시도 내가 받아
야 했던 훈련이었고 꼭 갖추어야 할 조건이었다.

　오랜 시간 끝에 결국 난 '기다림의 이유와 하나님의 섭리'를 깨
달았다. 그리고 인내의 유익에 감사할 줄 아는 내가 되었다.

그분이 나를 세우시다

"내가 너를 일으켜 세우리라"는 하나님의 음성은 바로 책을 두고 한 말씀이라 믿고 있었다. 그래서 책이 출간되는 날이 곧 약속의 날이라 생각했다. 그러나 세우심이라는 말의 진의가 어떠한 직분이나 명함이 아니라 '삶의 영향력'임을 통찰하게 되면서 주님은 이미 그 약속을 지키셨다는 것을 난 뒤늦게야 깨닫게 되었다. 실제로 주님은 그 이전부터 나를 중고등부 회장으로 세워 주셨고, 그 뒤로는 '맑은 소리' 단장으로 또 03년 10월에는 날 예배인도자로 세워 주셨다.

예상대로 난 더 바빠질 수밖에 없었다. 주일 내내 교회에서 보내는 것은 기본이있고 토요일 찬양단 연습 모임과 금요 G-12모임(청소년교회 청년리더 Cell), 그리고 십대들의 축제와 각종 수련회까지! 나는 목사님, 전도사님의 지도 아래 G-12청년들과 함께 거의 전문 사역자처럼 뛰어다녔다. 그래서 무려 3달여 동안 집필을 손에서 놓기까지 했다. 그러나 지금 생각해 보면 이 모든 것들이 나를 향한 주님의 계획이었다.

교정 작업에 들어간 2004년 6월까지 하나님은 나와 더불어 우리 청소년 찬양단 및 청소년 리더들을 일으켜 세워 주셨다. 먼저 10명이 채 안되는 인원에서 시작한 찬양단이 50명으로 훌쩍 불어났다. 그리고 새롭게 시작된 토요예배를 통하여 우리들을 눈물의 기도와 사랑의 고백이 있는 하나 된 공동체로 만들어 주셨고, 그 후로는 우리의 지경을 넓히시고 더 큰 사역을 맡기시며 이를 감당케 하셨다. 인근 고교 채플 인도, 외부교회 부흥회 인도, 전국 청소년연합수련회 예배 인도, 불신자 초청 알파 Cell, 그리고 앞으로 출시될 청소년 교회 찬양음반까지. 그 외에도 화요일, 수요일, 토요일 학생리더양육 Cell 모임과 주말 공부방 운영 등의 훈련프로그램은 우리 아이들을 세상이 감당치 못할 학생 리더들로 키워내는 한소망 청소년교회의 자랑이다.

나는 이 길을 선택한 것에 대해 단 한번도 후회한 적이 없다. 비록 이로 인해 집필과정은 약 1년여 정도 더 늦추어졌지만, 위와 같은 이유를 알게 되었기 때문이다.

나는 사실 더 기다려야만 했다. 지금의 부족한 내 모습으로는 아직 쓰실 수 없다 말씀하시기에, 그 앞에 더 머무르며 준비되어야만 했다. 그러면서 주님이 내게 허락하신 것이 있다. 이 시대의 청소년들을 일으켜 세우는 청년으로 쓰임 받기 위해 꼭 필요하지만 내겐 없던 것, 만약 내가 예배인도자의 길보다 책을 더 빨리 내는 길을 선택했더라면 결코 깨닫지 못했을… 바로 그것!

이는 이 시대의 청소년들을 품으시는 주님의 마음이었다.

청소년들과 함께한지도 벌써 2년, 이제는 그들이 내 보물이 되었다. 중학교 때 형, 누나들 보러 교회 가고 싶었던 것처럼 이제는 사랑스러운 동생들 볼 생각에 주말이 기다려진다.

지금도 우리 아이들의 모습이 스쳐 지나간다. "경헌 선생님" 하며 달려들어 내 지갑을 다 털어가도 귀엽기만 한 녀석들, 손들고 찬양하며 눈물로 부르짖는 모습이 아름다운 어린 천사들, 내가 이 세상을 변화시키겠노라 선포하는 무서운 학생 리더들. 이렇게 아이들의 모습 속에 여러 가지 생각들이 교차한다. 잘 챙겨주지 못해 미안한 마음, 그럼에도 불구하고 잘 따라와 줘서 고마운 마음… 모든 마음이 하나의 다짐으로 모아진다.

'주님 내가 우리 아이들을 더 사랑하고 싶습니다.'

하지만 난 지금까지 말이나 행동으로 다 실천하지 못했다. 표현하는 법도 잘 모를 뿐더러 그럴만한 마음의 여유도 없었다. 아직은 때가 아니라며 자꾸 미루기만 했다. 그래서 그들을 품고자 하는 마음은 자꾸 커져갔지만 실행하지 못하는 내 자신이 많이 싫었다.

그럼에도 불구하고 주님은 내게 '품는 마음'을 끊임없이 더해 주셨다. 찬양단 아이들을 품게 하신 것처럼 한국의 청소년들까지 품을 수 있는 더 넓은 마음을 허락하셨다. 또한 더 나아가 주님은 이제 이 시대의 모든 젊은 세대들을 품어야 한다고 말씀해 주셨다. 이 마지막 시대에 내가 너를 통해 그들을 일으켜 세우리라 말씀하셨다.

갑자기 한 영상이 눈앞에 떠오른다.

고1 미술시간 내가 그렸던 그림 — 지구를 품고 있는 한 아이, 그 가슴으로부터 나온 십자가 빛이 온 세상을 환희 덮고 있는 모습. 이는 곧 그 당시 꿈꾸었던 미래의 내 모습, 머지않아 다가올 내 모습인 것이다.

이에 난 기도한다. 부족한 이 책을 통하여 한국의 청소년들이 깨어 일어나기를, 그들을 통하여 전 세계 대 부흥의 불길이 시작되기를. 아멘!

그리고 외친다!

오, 이건 분명 주님이 하시는 일이다. 내 안에서 주님이 친히 이루어 가신다. 머지않아 그분은 나를 향한 태초부터의 계획을 이루실 것이며 이제 그것을 통하여 더 큰 일을 새롭게 행하실 것이다. 그렇다. 어쩌면 지금까지는 앞으로 내 남은 사명을 위한 준비 단계였을지도 모른다.

세계 선교, 열방의 구원!

이제 난 다시 오실 주님의 그 마지막 꿈을 위해 힘차게 달려간다.

Part 02

Servant, 그 삶의 고백편지

사랑합니다
나의 부모님

아빠…
그 옛 기억을 되살려 글을 쓸 땐 정말 많이도 울었습니다.
눈물이 내 앞을 가릴 때까지… 당신을 생각했어요.
그러나 이제는 그리움의 눈물을 닦아냅니다.
이제 저에겐 천국의 소망이 생겨났습니다.
언젠가 다시 만날 것을 기대하며 저는 오늘도
하루를 살아갑니다..
.

.

마지막으로…
언제나 입 속에서만 맴돌았던 이 말 전해드립니다.
사랑합니다. 나의 아버지…

아빠. 사랑해요! 진심으로….
.

.

마지막으로 엄마…
담아 두었던 제 마음을 전해 드립니다.

사랑해요. 영원히….

아버지… 아빠…
정말 오랜만에 불러봅니다…
아, 정말 보고 싶어요.
오늘같이 힘들고 외로울 땐 아빠가 더 그립습니다.

그런데 무슨 이유인지 건강하실 때의 모습보다
병원에 누워 계신 그 모습이 더 먼저 떠오르네요.
특히 아빠를 떠나 보내야 했던 그때의 모습이….

마지막은 아닐 거라고 생각했던 그날 새벽…
감겨진 두 눈에서 흐르는 눈물을 보았습니다.
당신은 아무런 말씀도 몸짓도 할 수 없으셨지만
그 마지막 눈물과 평온한 미소로 제게 말씀하셨지요.
'아빠는 이제 고통 없고 눈물 없는 하나님 나라로 간다…
사랑하는 내 아들… 경헌아… 안녕….'

아니라고, 아닐 거라고 고개를 저었죠.
그래서 바보같이, 하고 싶었던 그 쉬운 말 한마디
전해 드리지 못한 채 아빠를 보내 드리고 말았어요.

아빠…

당신은 항상 제게 말씀하셨죠.

"아빠는 경헌이 널 믿는다."

말씀하신 대로 아빠는 언제나 저를 믿어주셨어요.

음악하겠다고 공부를 소홀히 할 때도

그래서 성적이 점점 떨어져 갈 때도

당신은 항상 절 믿고 응원해 주셨어요.

아빠의 그 마음, 나를 향한 당신의 그 믿음 때문에

저 또한 아빠를 실망시켜 드리지 않으려고 노력했습니다.

그리고 이제 저는 깨닫게 되었습니다.

그 믿음이 곧 사랑임을….

유치원 다닐 적, 제가 작은 이모 지갑에 손을 댔을 때

아빠는 처음이자 마지막으로 제게 회초리를 드시고는

다리가 벌겋게 부어오를 때까지 매를 아끼지 않으셨습니다.

당시에는 그렇게 아프고 싫었던 것이…

지금에서야 전 그것이 아빠의 사랑이었음을 깨닫습니다.

표현은 그리 잘 안 하셨지만,

묵묵히 우리를 위해 일하시고 또 기도하셨던 아빠…

아빠의 그 사랑이 있었기에… 지금 제가 여기 있습니다.

그 사랑으로 저는 지금 대학생이 되었습니다.

그리고 저는 오늘도 아빠가 못다 이루신 그 꿈…

내게 원하셨던 그 길을 위해 한 걸음씩 준비해 나가고 있습니다.

주님의 사랑을 온 세계에 전하는 그 길 말입니다.
이 세상에는 아직도 인간을 사랑하시는 하나님을
알지 못하고 죽어가는 사람들이 너무도 많습니다.
제가 가서 그들에게 그 사랑을 전하는 사람이 되고 싶습니다.

아빠가 날 사랑하셨다는 것을 내가 아는 것과 같이…
그들도 하나님 아버지가 자기를 사랑하신다는 것을 알도록…

비록 나는 사랑할 수 없는 사람이지만…
내 안에 계신 그분의 사랑으로 그들을 사랑할 것입니다.
그렇기에 저는 지금 기도하는 마음으로 이 글을 써 내려갑니다.

아빠…
그 옛 기억을 되살려 글을 쓸 땐 정말 많이도 울었습니다.
눈물이 내 앞을 가릴 때까지… 당신을 생각했어요.
그러나 이제는 그리움의 눈물을 닦아냅니다.
이제 저에겐 천국의 소망이 생겨났습니다.
언젠가 다시 만날 것을 기대하며 저는 오늘도 하루를 살아갑니다.

마지막으로…
언제나 입 속에서만 맴돌았던 이 말 전해드립니다.
사랑합니다. 나의 아버지…

아빠. 사랑해요! 진심으로….

엄마… 죄송합니다.
다른 멋진 말로 시작하고 싶었는데
엄마를 떠올리면 무엇보다 죄송한 마음이 앞서네요.
아빠 돌아가신 이후에 전 엄마에게
기쁨보다는 슬픔을 더 많이 드렸던 것 같아요.

그날도 그랬죠. 엊그제 엄마의 생신…
어제 엄마는 집에 들어오지 않으셨죠.
그리고 제가 잠든 사이에 잠시 들어오셨다가
다시 사무실로 출근하셨더군요.
저녁에 우리 삼남매는 함께 기도하는 시간을 가졌어요.
그동안 엄마의 마음을 헤아리지 못한 채
우리 자신들만을 생각하며 살았다는 것을 깨달았습니다.

엄마. 얼마나 힘드셨습니까.
아빠 돌아가신 후, 얼마나 많은 눈물을 닦아내셨습니까.
인생의 동반자를 먼저 떠나보내야 했던 상실감…
갑자기 태도가 변해 버린 사람들에게 받은 상처…
혼자서 집안을 이끌어야 한다는 현실의 압박감…
살아가면서 점점 더 크게 느껴지는 아빠의 빈자리…
엄마의 그런 속사정을 아는지 모르는지
각자 자기 일에만 바쁘고, 집안일에는 무관심한 우리들…

그 아픔이 얼마나 깊었는지… 그 시간이 얼마나 길었는지…
저는 알지 못합니다. 이해할 수가 없습니다.
그래서 더욱 마음이 아픕니다. 그래서 더 죄송스럽습니다.

그러나… 하나님은 다 아시겠지요…
그분은 쓰러진 엄마 곁에서 항상 지켜 보호해 주셨지요…

엄마… 그래도 엄마는 정말 잘해 오셨어요.
많은 사람들이 과연 할 수 있을까 걱정했지만…
아빠 없이도 엄마는 당당히 일어나셨습니다.
그리고 해 내셨습니다. 남 보기에도 부끄럽지 않게,
아니 오히려 부러움을 살 정도로 우린 정말 잘 살아왔습니다.

돌이켜보기 싫은 길이겠지만,
엄마, 그래도 하나님이 우리에게 주신 축복들을 생각해 보세요.
아빠의 죽음 뒤에 바로 따라온 감사이 제목들을
엄마의 영혼이 다시 하나님께로 돌아서고
누나들도 일자리를 얻게 되었으며
지금의 이 넓고 좋은 집으로 이사하게 된 일까지…
이 모든 것들을 아낌없이 주셨잖아요.
그리고 앞으로 더 축복하실 것을 믿으며
하나님 앞에 더욱 아름다운 가정이 되도록 우리 함께 만들어가요.

마지막으로 엄마… 담아 두었던 제 마음을 전해 드립니다.
사랑해요. 영원히….

약속의 하나님, 당신을 신뢰합니다

내게 있어 가장 자랑스러운 타이틀은, 수능만점이나 수석합격이
아닌 '겸손히 순종하는 하나님의 종' 이라는 내 신분입니다.
또 '하나님 손에 붙들린 자' 라는 당신이 인정해 주신 나의 이름
입니다. 이렇게 명예로운 하늘의 타이틀을 얻었기에… 이제 나
는 만족합니다. 그 어느 것 하나 부럽지 않습니다.
.
.

그동안 '주님 한 분만으로 만족하는 삶' 을 배웠습니다. 누가 나
를 인정해 주지 않아도 주만 바라보며 살 수 있습니다. 한때는 나
의 노력과 수고를 누군가 알아주길 원했고 또 보상받기를 기대했
지만 이제는 괜찮습니다.
.
.

오직 주님 당신만 알아주시면 그뿐입니다.

위십리더라는 새로운 자리를 놓고 고민하던 어느 날이었습니다. 답답한 마음에 기도조차 나오지 않았던 그날 밤, 저는 우연찮게 책상 위에 놓인 작은 돌을 보았습니다. 그 돌에는 이런 글귀가 적혀져 있었지요.

"GOD Keeps HIS Promises."

순간 눈물이 얼굴을 덮었습니다. 두려움은 사라지고 희망과 확신이 일어나기 시작했습니다. 이렇게 주님 당신은 내가 지쳐 쓰러질 때마다 날 찾아오셔서 위로해 주셨습니다. 이 일은 나의 꿈이요 나에게 속한 것이니 네가 염려하지 않아도 된다고 늘 말씀하신 것처럼 이 꿈은 정말 당신의 것입니다. 당신이 이 모든 것의 시작과 끝을 주관하고 계십니다.

당신은 언제나 나보다 지혜로우십니다. 받아들이기 어려웠던 모든 일들이 사실은 당신의 크신 계획들이었음을 알게 되었습니다. 아버지를 급히 천국으로 부르신 이유도 처음에는 몰랐습니다.

이는 분명 당신의 놀라운 계획이셨습니다. 땅에 떨어진 하나의 밀알이 썩어 많은 열매를 맺는 것처럼 주님 당신은 아버지의 죽음을 통해 이제는 그 어린 아들로 더 값진 열매들을 거두려 하십니다. 당신은 아버지를 데려가시면서 그가 이루지 못한 꿈이자 또한 내게 원하셨던 꿈— 목사의 길로 걸어가리라고 서원하도록 날 이끄셨지요. 또한 장례 중에 받은 그 사랑을 사람들에게 전하게 하시고는 곧이어 책 출간이라는 꿈까지 내 간절한 소원으로 심어주셨습니다.

하지만 그 사명을 감당하려 했을 때 나를 찾아온 것은 연속된 고난의 시간들이었습니다. 그러나 난 당신이 나를 더 큰 그릇으로 빚으시고 준비케 하신다는 것을 알았습니다. 그래서 이해할 수 없는 시간 속에서도 끝까지 당신을 신뢰했습니다.

주님은 끝까지 나를 깨뜨리셨습니다. 고3 수험기간, 성적 타이틀을 따기 위해 오직 공부에만 매달릴 때에도 그랬습니다. 아무리 해도 오르지 않는 점수에 난 정말 한없이 낮아질 수밖에 없었습니다. 그러나 내가 겸손한 무릎으로 다 내려놓았을 땐, 당신은 내 안의 응어리를 태우시며 놀라운 축복을 더하기도 하셨습니다. 저는 그것이 끝인 줄로만 알았습니다. 그러나 결전의 날에 당신은 또 한번 나를 낮추시고 말았습니다. 그토록 바라던 타이틀이 한순간에 날아가 버린 것입니다. 저는 이제 그 이유를 압니다. 이는 곧 나의 생각, 나의 꿈이었기 때문입니다.

결국 내 욕심과 야망을 버렸습니다. 모든 걸 포기하는 마음으로 결과까지 다 맡겨 드렸습니다. 또 그토록 원했던 책의 비전까지 다시 돌려 드렸습니다. 그때 당신은 '나만의 꿈'을 완전히 죽이셨습니다. 그리고는 당신의 꿈을 내게 되돌려 주셨습니다.

이제 이 프로젝트는 내 꿈이 아니요 당신의 꿈이 되었습니다. 그리고 쟁쟁한 타이틀 대신 진리의 깨달음으로 진정 당신이 원하시는 그 뜻과 계획대로 날 이끄셨습니다. 나는 이제 그토록 바라던 그 타이틀이 전혀 부럽지가 않습니다.

내게 있어 가장 자랑스러운 타이틀은, 수능만점이나 수석합격이 아닌 '겸손히 순종하는 하나님의 종'이라는 내 신분입니다. 또 '하나님 손에 붙들린 자'라는 당신이 인정해 주신 나의 이름입니다. 이렇게 명예로운 하늘의 타이틀을 얻었기에… 이제 나는 만족합니다. 그 어느 것 하나 부럽지 않습니다.

그러나 주님, 내가 이 시간에 또 한번 내려놓습니다. 어쩌면 이 모든 것들이 내 기대와 꿈만큼 되지 않을 수 있습니다. 어떤 꿈은 아직까지도 내 숨은 욕심에 기인한 나만의 꿈이었을지 모릅니다. 그렇기에 다시금 모든 걸 포기하는 심정으로 고백합니다.

나에게는 오직 당신만 있으시면 됩니다. 나를 높이 세우지 않으셔도 좋습니다. 이 책으로 하여금 큰일을 행치 않으셔도 괜찮습니다.

오히려 내가 교만하여져서 당신보다 사람들의 칭찬을 더 청종할까 두렵습니다. 나의 높아짐으로 당신의 영광을 가리게 될까, 그래서 또 다시 주님 앞에 범죄하게 될까봐 두렵습니다.

그동안 '주님 한 분만으로 만족하는 삶'을 배웠습니다. 누가 나를 인정해 주지 않아도 주만 바라보며 살 수 있습니다. 한때는 나의 노력과 수고를 누군가 알아주길 원했고 또 보상받기를 기내했지만 이제는 괜찮습니다. 오직 주님 당신만 알아주시면 그뿐입니다.

이제 나는 그 한가지로 행복을 누릴 수 있는 사람이 되었습니다. 나는 당신의 말씀이라면 무조건 순종하는 주님의 종입니다.

그러나 바라는 것은, 내가 당신의 영광을 보고 싶습니다. 온 땅 가운데 충만한 당신의 위엄을 느끼고 싶습니다. 이 땅에 하나님의 공의가 이뤄지고 진리의 말씀이 선포되는 그날을 기대합니다. 모든 인생들이 주님 앞에 무릎 꿇는 그날을 간절히 바랍니다. 또한 그 가운데 내가 당신의 손에 붙들려 사용되기를 바랄 뿐입니다.

주님! 지금 이 세상은 마지막 날을 향해 무섭게 치닫고 있습니다. 성경의 예언처럼 말세의 악한 징조들이 온 세상 도처에서 펼쳐지고 있습니다. 사람들의 마음속에 사랑이 식어가고 매년 온갖 불법이 성행하며 재해는 해가 갈수록 늘어납니다. 많은 사람들이 진리를 쫓기보다 본능을 쫓아 살아갑니다. 신문에는 각종 어두운 기사들이 지면을 장식하지만 이젠 너무 익숙한 듯 웬만한 소식에는 잘 놀라지도 않습니다. 사단은 이제 자신들의 시간이 얼마 남지 않음을 알고 발악을 하며 사람들을 집요하게 미혹하고 있습니다. 우리 청소년들은 아무런 꿈도 비전도 없이 사단이 던져 놓은 더러운 세상문화의 덫에 걸려 병들어 죽어가고 있습니다. 물질 숭배와 성적 타락의 죄 속에서 신음하고 있습니다.

우리 안에 회개의 영을 부어 주시옵소서. 이 세대들이 주님 앞에 엎드려 눈물로 회개하길 원합니다. 먼저 우리의 삶을 돌이켜 주님의 얼굴을 구하길 원합니다. 그리하여 약 백여 년 전 영국 웨일즈 지방의 한 청년으로 말미암아 전 세계가 부흥의 시대를 맞이하고, 또 그 부흥의 물결이 '1907년 평양 대 부흥'의 역사로 이어졌던 것과 같이 주님 앞에 엎드린 한 사람을 통하여 이 땅이 변화되길 원합니다. 하나님의 부르심에 도전받아 응답하는 한국의 젊은 세대들로 하여금 전 세계 열방 가운데 영적인 각성이 시작되길 소원합니다.

먼저 내게 주신 건국대학교 캠퍼스와 그 주변 일대에 거룩한 성령의 바람을 일으켜 주시옵소서. 이어서 한국의 모든 도시들과 그 안의 학교들, 그리고 이 나라 모든 국민들이 두려운 마음으로 주님 앞에 엎드리길 기도합니다. 모든 민족들이 이 마지막 시간 주님이 경고하시는 그 음성을 듣길 원합니다. 주님 오시는 그날까지 전 세계 구석구석으로 부흥의 물결이 파도치길 원합니다.

북한의 문을 여시는 주님, 우리가 지금 이 때를 잘 준비하길 원합니다. 그리하여 그 문이 열릴 때 주의 말씀으로 북한이 새로워지길 원합니다. 그리하여 통일된 한 민족이 중국의 지하 교회와 함께 실크로드를 타고 중동과 유라시아 변방구석 그 끝까지, 마지막으로 지금 이때에 다시 회복되어야 할 땅— 이스라엘, 그 중심 예루살렘 땅 끝까지 하나님 당신을 인정하고 예수님을 그리스도 메시아로 인정하는 소리들로 가득 넘치길 원하나이다.

오 주님, 나를 사용하여 주옵소서. 나를 통하여 이 땅이 변화되길 소원합니다. 지난 세대에 볼 수 없었던 놀라운 부흥을 지금 이 시간 이 땅 가운데 허락하여 주시옵소서. 당신의 역사 한편에 나를 꼭 사용하시기를, 늘 그려 왔던 그 모습보다 더 큰 부흥의 물결이 온 세계에 가득 넘치길 간절히 기도합니다.

그리하여 다시 오실 예수님의 길을 준비하는 자가 되겠습니다. 세례 요한과 같이 앞서 그 길을 예비하며 기다리겠습니다.

주여 어서 오시옵소서. 마라나타 아멘.

Part 03
Servant, 그 삶의 진리

십대여,
사명에 붙들려라!

지금까지 난 "사명에 붙들려라!" 는 도전을 주고자 내 짧은 인생
을 보여주고 그려냈다. 이제는 하나님 없이, 꿈과 비전 없이 살아
왔던 친구들이 이 책을 통해 도전받아 나와 같이 '하나님 손에 붙
들린 Servant' 로 변화되길 소망한다. 또한 이렇게 하나님 앞에 인
정받고 칭찬받는 인생들이 되기를 소원한다.

여기서는 내가 깨달은 진리를 함께 나누고자 한다. 물론 내 경험
이나 생각들이 무조건 옳다거나 그것만이 전부라고 생각하진 않
는다. 나는 앞으로 배울 것이 더 많은 젊은 청년일 뿐이다. 그러나
지난 연단의 시간이 알려 준 다음의 가르침들은 이제 막 믿음의
모험을 항해하기로 결단한 이들에게 바른 이정표를 제시하고, 또
그 삶을 완주하도록 큰 용기를 북돋아 주리라 확신한다.

이제는 믿음으로 공부하라

중학생이나 고등학생이나 그들의 최대 관심사는 어느새 '대학'이 되어 버렸다. 오직 공부, 그리고 대학. 그 울타리를 벗어나지 못한다. 우리의 부모님들도 학교 선생님들도 시험 성적 하나로 학생의 모든 걸 평가하려 한다. 그래서 많은 이들이 공부에 목숨을 건다. 대학가는 것이 마치 인생의 전부인 줄로만 안다.

이는 자기정체성의 인식부족 때문에 비롯된다. 많은 십대들이 아직도 나는 누구인지, 무엇을 위해 태어났으며 또 앞으로 어떻게 살아야 하는지를 정확히 알지 못한다. 그래서 그냥 주어진 환경— 학교와 가정에서 가르친 대로 또 요구하는 대로 별 생각 없이 살아가는 것이다.

태초에 하나님께선 우리를 자신의 영광을 위해 창조하셨다. 하나님과 교제하면서 그분을 예배하고 또 주님이 만드신 것들을 누리고 다스리며 살아가기를 원하셨다. 단순히 공부 잘해서 좋은 대학 가라고 우리를 이 땅에 보내신 것이 아니란 말이다.

먼저 이러한 우리네 삶의 근본적인 이유를 알아야 한다. 우리는 그 목적을 달성하기 위한 하나의 과정으로서 학교를 다닐 뿐 그 이상도 그 이하도 아니다. 우리가 공부하는 이유는 단 하나, 이 세상에서 하나님의 영광을 나타내기 위해서이다. 하나님이 주신 달란트를 잘 갈고 닦아서 그것으로 하나님을 높이고 찬양하기 위해서이다.

따라서 공부는 우리 삶의 첫째 목표일 수 없다. 뛰어난 점수와 좋은 대학 역시도 우리 삶의 부수적인 요건일 뿐이다. 이는 공부의 당위성이나 중요성을 축소시키려는 것이 아니라, 목적과 과정을 혼돈하지 말라는 것이다. 과정이 목적 그 자체가 되어서는 안 된다.

그렇기에 십대 시절의 목표는 대학이 아니라 하나님께 영광을 돌리기 위한 꿈과 비전을 먼저 찾는 것이다. 공부와 대학은 그 꿈을 이루기 위해 딛고 설 발판일 뿐이다.

사실 하나님은 점수에 별 관심이 없으시다. 우리가 반에서 몇 등을 하고 몇 점을 맞는가는 그분께 그리 중요한 일이 아니다. 주님은 무엇보다 우리가 공부할 때 누구를 의지하는지 그 마음을 보신다. 무엇을 위해 공부하며 어디에 마음을 두는지 살펴보신다.

수험 기간, 내가 하루에 1점씩 올려달라고 부르짖을 때도 하나님은 그보다 내가 공부하는 이유와 목적을 먼저 보셨다. 오직 하나님만 의지하며 믿음으로 공부하는 내 모습을 더 눈여겨 보셨다. 비록 그 후에 점수는 안 올랐고 수능 날에도 마찬가지였지만, 하나님은 결과가 아닌 과정을 통해 이미 영광 받으셨다고 하셨다. 그리고 대신 나에게는 '최고의 대학'을 허락하셨다. 내가 기도한 것보다 더 크고 좋은 응답을 주신 것이다.

그래서 난 지금 건국대학교 히브리학과에 다닌다. 중간에 연세대 원주 캠퍼스를 잠시 거쳤지만 이는 연대에 가고 싶다는 내 기도에 대한 짧은 응답이었던 것 같다. 하지만 하나님이 정말 나를 보내기로 하신 곳은 건국대였다. 정확히 말해 히브리학과였다.

고등학생 땐 우리나라에 그런 학과가 있는 줄도 몰랐다. 아니 '히브리'란 말 자체가 생소하기만 했다. 당시에는 몰랐지만 지금은 왜 날 이곳으로 인도하셨는지 난 안다. 먼저 이스라엘 선교라는 이 마지막 때의 사명을 내게 주시기 위해서였다. 히브리학과를 통해 그날을 준비케 하기 위한 하나님의 계획이었던 것이다.

다른 사람에겐 어떨지 몰라도 건대는 내게 진정 최고의 대학이다. 모든 것이 날 위한 주님의 배려였고, 철저히 준비되고 계획된 환경이었다. 교육여건 및 집필환경 등 이 모든 것을 되돌아볼 때 하나님은 분명 지난 시간 내 눈물의 기도를 다 받으셨다는 것을 알 수 있다. 그래서 나는 학교에 대한 자부심이 있다. 그래서 주변 친구들은 내게 이런 말을 한다.

"네 옆에 있으면 마치 건대가 한국 최고의 대학인 것만 같다."

그렇다. 난 약속의 대학을 선물로 받았다. 내게 주신 최고의 대학을 다니고 있다. 대학평가 서열이 아닌 하나님 보시기에 아름다운 곳, 나에게 가장 잘 맞는 환경의 학교를 다니고 있다. 그래서 이제는 다른 어떤 대학이 하나도 부럽지 않다. 그래서 난 청소년들에게 이렇게 말한다.

"대학 간판이 당신의 가치를 올려주길 기대하지 말고, 당신 때문에 그 대하이 레벨이 올라가노록 해라. 네 이름의 간판이 더 중요하다."

"일류 명문대가 아니라 최고의 대학을 달라고 기도하라!"

중요한 것은 나 자신이다. 하나님은 내가 다닐 학교보다 그 안에서 훈련되고 미래를 준비할 나 자신이 더 중요하다고 말씀하신다.

그렇기에 하나님은 각자의 사명을 준비하기 위해 꼭 거쳐야 할 과정으로서 우리 주변의 대학들을 살펴보신다. 우리의 원대로 꼭 명문대를 가야지만 쓰임 받는다고 말씀하지 않으신다.

고교시절 신우회 안에 참 신실한 누나가 있었다. 나를 믿음의 동생으로 아껴주었던 누나로, 이름은 빈(애칭)이다. 누나는 고3시절 수능 준비에도 불구하고 교회 고등부 회장으로 헌신했고 우리 '맑은 소리'에도 믿음의 협력을 아끼지 않았다. 끝내 누나는 목표한 점수가 나오지 않아 재수하여 다시 의대에 지원하려고 했으나, 결국은 하나님의 인도하심을 바라며 그 해에 건대로 오게 되었다. 그런데 하나님께서는 머지않아 그 지원한 학과의 성격을 '생의생약학'으로 변화시켜 누나가 꿈꿔 온 의료선교의 꿈을 포기하지 않게 하셨다. 그 후로 누나는 대학에서도 기독학생부 부회장으로 섬겼으며 또 이제는 졸업을 앞두고 있다.

솔직히 나와 누나는 주님을 사랑하므로 공부 시간을 많이 할애하지 못한 것이 사실이다. 그러나 이렇듯 우리의 수고와 헌신을 기억하신 주님은 끝내 모든 걸 완벽하게 보상해 주셨다.

당신이 진정 하나님을 믿는다면 그 앞길을 두려워 말라. 하나님을 위한 헌신과 봉사를 결코 부담스러워 하지 말라. 공부한다는 이유로 주일 예배를 소홀히 하고 기도하고 말씀 보기를 멈추지 말라. 그분은 당신이 미처 알지 못한 당신의 모든 것을 아시며 훗날에 우리가 생각지도 못할 것으로 넘치게 갚아주시는 분이다. 기존의 학과 성격을 바꾸면서까지 당신을 가장 좋은 길로 인도하실 것이다. 그분을 깊이 신뢰하라.

당신이 이제부터 믿음의 공부를 하기로 결단했다면 다음의 것들을 꼭 명심해야 할 것이다.

먼저 목표를 위한 자신의 동기를 살펴라. 그리고 어린아이와 같은 순수한 믿음으로 주님께 구하라. 자기욕심으로 우리를 향한 그분의 큰 계획을 제한하거나 강요하지 말고 주님이 친히 이끌어 주시길 기도하라. 이후엔 주님께 모든 걸 맡겨라. 어떠한 결과에도 하나님을 신뢰하라.

하나님은 우리의 믿음을 보신다. 공부하기 전에 먼저 이 공부가 누구를 위한 일인지, 무엇 때문에 공부하는지를 고백하며 우리의 마음을 올려 드려라. 그리고 하늘의 지혜를 구하며 최선을 다해 공부하라. 우리의 태도와 자세로 하나님을 감동시켜라. 그때 하나님께서 당신을 눈여겨 보시고 기특하게 여기실 것이다. 세상이 감당치 못할 놀라운 지혜를 허락하시고 최고의 결과로 응답하실 것이다. 우리가 생각지 못한 큰 길을 보이시고 적절한 하나님의 때와 방법으로 기적 같은 일들을 행하실 것이다. 설령 자기 눈에 안 차더라도 기다려라. 하나님의 눈은 당신보다 더 정확하시다. 그리고 언젠가 당신도 그분의 뜻을 깨닫게 될 것이다.

사실 난 '믿음의 공부법'에 대한 책을 쓰고자 했다. 그래서 많은 사람들이 우러러 볼 만한 타이틀을 원했다. 하지만 주님은 나를 그와 다른 길, 보다 더 좋은 길로 인도하셨다. 공부법이 아닌 '사명에 붙들린 삶'에 대해 집필하도록 하신 것이다. 나를 통해 청소년들에게 보다 근본적인 메시지를 전달하도록 쓰임 받고 있다는 사실이 얼마나 감사한지 모른다.

어차피 공부법이란 각자 터득하는 것이 중요한 것 같다. 남이 가르쳐 주는 공부 방식은 그 사람에게만 유용할 뿐, 모두에게 해당되는 공통사항은 아니라고 본다. 분명 그 한계가 있다. 그렇기에 난 특별한 공부법이 아닌 어떠한 믿음의 자세로 공부하느냐를 말한다.

특별한 공부법 대신 난 '성령님'이라는 특별 과외교사를 소개시켜 드리고 싶다. 그분은 그 어떤 고액 과외교사보다도 훌륭하신 분이다. 언제 어디서나 내 옆에서 공부를 도우신다. 문제의 정답을 가르쳐 주진 않지만 어떻게 공부하는 것이 최선의 방법인지 알려 주신다. 나의 성격과 자질 그리고 환경에 따라 내게 가장 적합한 공부기술을 깨닫게 하신다. 나 역시 믿음으로 기도하며 공부했을 때 나름대로 많은 공부법을 터득할 수 있었다. 공부하기 전, 말씀을 묵상하고 기도하는 가운데 주님은 놀라운 지식과 지혜의 영을 부어 주셨다. 비록 그것이 한번의 결과로 나타나진 않았지만 난 고3시절 누구보다 철저하고 효과적인 공부를 했다고 자신한다. 학원/과외 한번안 하고 모의고사 초기 250점에서 막판 370점까지 올릴 수 있었던 것은 분명 하나님을 경외하는 자에게 주시는 주님의 도우심 덕분이었다.

자, 이제 '믿음의 공부'를 위한 새로운 시작이다. 그동안 당신이 아무런 생각 없이 공부해 왔다면 이제는 하나님이 기뻐하시는 공부를 하라. 진실한 겸손의 모습으로 온전한 순종을 다짐하고 하나님의 때를 기다리며 완전한 인내를 이루어가라. 하나님은 지금도 오직 하늘의 영광을 위해 공부하는 학생들을 찾고 계신다. 그리고 그들을 향한 크신 뜻과 계획을 세워 가신다.

이 마지막 때에 하나님께 쓰임 받고 싶지 않는가.

나 한 사람으로 이 세상이 변화되는 모습을 보고 싶지 않는가.

나는 이 시대의 미래는 이러한 물음에 도전받고 응답하여 나아가는 청소년들의 것이라 믿는다.

다음은 공부하기 전에 드리는 한 가지 모범기도문이다. 여기에 자신의 상황에 따라 고치고 덧붙여 기도하면 더 좋을 것이다.

　"사랑의 하나님, 오늘도 제게 공부할 수 있는 환경을 허락하시니 감사드립니다. 이 시간 내 마음을 당신께 온전히 의탁합니다. 그리고 겸손히 주님의 은혜를 구합니다. 먼저 이 공부가 '하나님 나라의 영광이요 한 영혼을 살리는 사역'이 되게 하소서. 내게 주신 꿈과 비전을 기억하고 그 사명을 감당하기에 부족함이 없는 공부가 되게 하소서. 그렇기에 내게 성령의 지혜와 능력을 더하여 주옵소서(이에 구체적으로 기도한다. 공부하는데 필요한 건강 및 체력, 정신력, 영성과 시간관리 등). 이 모든 것을 이루실 그날까지 인내하겠습니다. 주시는 결과에 순종하며 감사하겠습니다. 당신께 내 모든 앞길을 맡겨드립니다. 예수님의 이름으로 기도드립니다. 아멘."

　마지막으로 기억하라.

　"여호와를 경외하는 것이 지혜의 근본이라"

사랑은 전달하는 것이다

오직 공부에만 매달렸던 수험시절, 내가 한 가지 놓쳤던 것이 있다. 이는 바로 주변 친구들, 즉 인간관계에 소홀했다는 말이다.

이처럼 우리는 때때로 앞만 보고 달려가다 주위사람들을 놓치곤 한다. 성공이 사람의 가치보다 앞서는 것은 언제나 위험한 일이다. 성공을 위해 사람을 해칠 수도 있기 때문이다. 그러나 이 세상 그 무엇보다 중요한 것은 사람, 바로 천하보다 귀한 한 영혼이다.

하나님도 사람을 소중하게 여기신다. 내가 가장 바쁘고 힘들 때 주님은 오히려 내게 더 많은 사람들을 붙여 주셨는데 이는 곧 영혼을 향한 하나님의 마음 때문이었던 것 같다. 그분은 내가 일보다 사람을 더 우선시하길 원하셨던 것이다.

이렇게 하나님은 다른 무엇보다 사람을 살리고 영혼을 구원하는 데 가장 큰 초점을 두신다. 또한 우리들도 그 동일한 마음을 갖길 원하신다. 우리는 이것을 '사랑' 이라는 한 단어로 요약할 수 있다.

그렇다면 주님이 우리에게 원하시는 그 사랑의 마음은 무엇일까?

하나님은 우리에게 서로 사랑하라 명령하신다. 나보다 남을 낮게 여기고(겸손의 마음) 상대방의 모든 허물을 덮으며(용서의 마음) 자기 목숨까지 내어줄 수 있는(희생의 마음) 그 영원한 사랑. 이러한 그분의 아가페적 사랑을 실천하라 말씀하신다.

그런데 우리가 정말 그런 사랑을 할 수 있을까? 하나님의 말씀 따라 그 사랑을 실천할 수 있을까?

사랑은 전달하는 것이다. 우리가 받은 그 사랑을 다른 사람에게 흘려보내는 것이다. 사실상 우리의 본성은 사랑을 만들어 낼 수 없다. 오히려 우리의 이기적인 마음은 참사랑을 방해할 뿐이다.

그래서 우리는 먼저 받은 그 사랑— 태초부터 시작된 하나님의 사랑과 태어나면서 부모님에게, 살아가면서 주변사람들에게 받아 온 그 사랑으로 우리는 나 자신과 다른 사람들을 사랑할 수 있다. 또한 많은 사랑을 받아 온 사람일수록 또 '사랑 그 자체이신 하나님'이 가슴에 충만한 사람일수록 보다 수준 높은 사랑을 할 수 있다.

그러나 우리의 그릇 안에 그 사랑이 다 떨어졌을 때 우리는 더 이상 누군가를 사랑할 수 없다. 자기만족을 위한 이기적이고 일시적인 사랑만 할 수 있을 뿐이다. 따라서 중요한 것은 바로 날 위해 죽으신 예수 그리스도의 사랑, 그 영원하고 무한하신 하나님의 사랑을 깨닫고 그 사랑 가운데 우리가 늘 서해야 한다는 사실이다. 그럴 때야 비로소 우리는 아무런 유익을 구하지 않고 자신을 희생하셨던 그 안전하고도 영원하신 그분의 사랑을 조금이나마 실천하게 되는 것이다.

'맑은 소리'를 처음 시작할 때 내게 찾아 온 큰 시험이 있었다. 기존 멤버 중 한 친구와의 오해로 인하여 분쟁이 생긴 것이다. 결국 그 친구는 '맑은 소리'를 나가게 되었고 인터넷 상에서는 적지 않은 말싸움으로 번지기도 했다. 하지만 난 그 친구를 한번도 미워하지 않았다. 오히려 다시 돌아오도록 권면하며 손을 내밀었다. 그러나 결국 시간이 많이 흘러서야 우리 둘은 하나님이 만들어 주신 기회 속에서 화해할 수 있었다.

지금 생각해 보면 이는 그 당시 내 안에 하나님의 사랑으로 충만했기에 가능했던 일이었다. 만약 그렇지 않았다면 난 그 친구뿐만이 아니라 지금껏 많은 적을 두고 살았을지도 모른다. 이 모든 게 죄는 미워하되 사람은 미워하지 않는 마음, 나를 때린 원수도 사랑할 수 있는 주님의 마음이 내 안에 가득 채워졌기에 가능했던 일이었다.

그때부터 난 '종 의식'을 갖기 시작했다. 내가 하나님을 사랑하기에 하나님이 사랑하시는 그 사람들까지도 사랑하기로 한 것이다. 그렇기에 이제는 내가 손해를 봐도 괜찮은 마음이 생겼다. 원래 난 그들을 섬기는 사람으로 부름 받았기에 더 낮아지고 또 밟음을 당해도 괜찮다. 대신 하나님의 말씀을 붙든다.

"누구든지 자기를 높이는 자는 낮아지고 누구든지 자기를 낮추는 자는 높아지리라"

나는 이 역설적인 하나님 나라의 가치를 믿는다. 그렇기에 주의 종이자 사람들의 종이라는 나의 또 다른 ID 'Your Servant'는 무엇과도 바꿀 수 없는 자랑스러운 내 신분이다.

우리 청소년들도 이런 마음을 가졌으면 좋겠다. '나는 당신을 섬기는 종입니다'라는 삶의 모습이 있었으면 좋겠다. 모든 일에 남보다 낮은 자세로 임할 때 그 안에는 불화가 없고 다툼이 없고 오직 주님의 평화와 사랑만이 가득할 것이다.

또한 사람을 품고 사랑하는 마음이 있을 때 하나님은 그 영혼에 대한 특별한 민감함을 허락하신다. 그 사람의 얼굴표정만 봐도 현재 영적상태를 알 수 있고 한마디의 말로 그 가슴에 정곡을 찌를 수 있으며 기도하면서 그 사람의 아픔까지 함께 느낄 수 있다. 그래서 사랑하기에 아파하고 더 사랑하지 못해서 아파하는 마음, 그 고통을 수반하는 사랑의 높은 경지까지 나아가게 되는 것이다.

물론, 이는 나 역시도 그렇게 되고 싶다는 간절한 소원이다. 솔직히 말해, 집필 기간 난 또 다시 내 자신과 일밖에 보지 못했다. 하지만 이제부터는 정말 하나님의 사랑으로 사람들을 섬기면서 내 안에 부족했던 그 모습을 채워 나가고 싶다. 말보다 행동으로 보여 주는 그런 사람이고 싶다.

이렇게 사랑하고 섬기는 일은 늘 아름답다. 이는 우리 인간이 서로에게 베풀 수 있는 최상의 행위이다. 그러나 우리의 사랑표현이 단순히 친절과 봉사로만 그쳐서는 안 될 것이다. 믿지 않는 자들에겐 그 영혼을 구원하는 일까지 이어져야 한다. 이것은 하나님의 명령이자 우리가 그들에게 줄 수 있는 최고의 선물인 것이다.

그래서 가끔 난 이런 생각을 하곤 한다. 내가 만약 저 친구에게 복음을 전하지 않아 혹시 나중에 지옥에서 날 원망하지나 않을까. 그때 왜 예수 잘 믿던 내 친구 경헌이가 내게 그것을 말해주지 않았나 하면서 울부짖을 모습이 그려진다. 그러면 순간 온몸에 소름이 돋는다.

우리는 주변 친구들에게 복음을 전해야 할 사명을 지녔다. 혼자 은혜 받고 끝나서는 안 된다. 그 은혜를 전하겠다는 결단과 그에 따른 행동이 삶 가운데 나타나야 한다. 이는 나만 가지고 있으라고 내게 주신 것이 아니기 때문이다. 그 사랑으로 눈물을 흘렸다면 이제는 일어나 그 눈물의 의미를 모르는 사람들에게 찾아가야만 한다.

어느 단체가 모여서 항상 기도만 한다면 그 정체된 모임은 언젠가 썩고 말 것이다. 밖으로 나가야 한다. 정말 하나님을 사랑한다면, 당신은 그분이 애타게 찾으시는 잃어버린 영혼을 위해 눈물을 흘려야 한다. 그리고 곧 복음의 씨앗을 뿌려야 할 것이다. 물론 곧바로 열매를 맛보기란 힘들겠지만 그래도 그 일을 멈추어서는 안 된다. 다음의 성경 말씀이 우리를 위로하며 큰 용기를 주지 않는가.

"눈물을 흘리며 씨를 뿌리는 자는 기쁨으로 거두리로다"

예수님의 은혜로 거듭난 사람들에게 전도란 당연한 사명이다. 전도하는 것을 부끄러워해서는 안 된다.

"누구든지 사람 앞에서 나를 부인하면 나도 하늘에 계신 내 아버지 앞에서 저를 부인하리라"

복음은 선포하고 자랑할 일이지 숨기고 간직해야 할 것이 아니다. 또 다른 사람들과 변론할 대상도 아니다. 한번은 신학생 친구가 한 달 동안 지하철 전도를 했다는 말을 들었다. 열차 칸마다 돌아다니며 찬양을 하고 춤을 추며 짧은 메시지를 전했다는 데 그 이야기를 들으며 얼마나 큰 도전이 되던지. 나 역시 언젠가는 꼭 그래보리라 다짐했다.

친구 전도, 다른 말로 '관계 전도'는 어려우면서도 또 쉽다. 억지로 노력하지 않아도 가능하다. 살아가면서 자연스럽게 이뤄지기도 한다. 우리의 말과 행동이 예수님의 향기로 가득하다면 말이다. 믿지 않는 친구들은 우리의 말로 하나님을 알아듣는 것이 아니라 우리의 삶으로 하나님을 본다. 그들은 영적인 것을 보거나 들어도 쉽게 이해하지 못한다. 따라서 일반인과는 뭐가 달라도 확실히 다른(만약 다르지 않다면 이는 크게 잘못된 것이다) 우리 그리스도인들의 모습을 보고 하나님을 느끼는 것이다. 사랑으로 충만한 우리의 삶을 통해 우리가 예수님의 제자인 줄 알게 되는 것이다.

"서로 사랑하라 내가 너희를 사랑한 것 같이 너희도 서로 사랑하라 너희가 서로 사랑하면 이로써 모든 사람이 너희가 내 제자인줄 알리라"

마지막으로, 우리 안의 그 사랑은 전 세계로까지 확장되어야 한다. 내 가정과 내 학교를 벗어나 더 먼 곳까지 나아가야 한다.

세계 선교, 비록 직접 먼 곳까지 날아가진 못하더라도 골방 기도를 통해 그 사역을 도와야 한다. 우리의 짧은 기도 한 구절이 지구 반대편의 죽어가는 생명을 살릴 수 있다는 것을 기억해야 한다.

이를 위해 우리의 그릇과 지경이 더 넓어지도록 기도하라. 기도의 무릎을 통해 하나님께 더 넓은 사랑의 마음을 구하라. 그리고 거기에 크신 하나님의 사랑을 받아 채워 넣어라. 그리하면 자연스럽게 흘러 나가리라.

아름다운 만남을 기다립니다

이어서 그냥 지나칠 수 없는 또 하나의 특별한 관계 — 남녀 간의 사귐에 대해 말하고 싶다. 모든 젊은이들의 관심사이자 화제 거리인 이성친구 이야기는 언제 어디서나 환영을 받는다. 그러나 안타깝게도 이에 대한 성경적인 접근과 하나님이 원하시는 이성교제에 대해 연구하고 적용하려는 시도는 믿는 젊은이들 사이에서도 드문 일 같다. 나 역시 이에 대한 고민은 많이 하지만 아직도 모르는 것이 더 많고 정작 이를 제대로 실천해 보지도 못했다. 그래서 여기서는 내 경험과 생각만 짧게 말하려 한다. 이해가 더 필요한 부분들은 다른 훌륭한 작가들이 써낸 관련서적을 참고했으면 좋겠다.

난 여자를 사귀어 본 경험이 없다(정확히 밝히자면 딱 한번 있었다. 그러나 어린 시절의 짧았던 만남이라 생각한다). 내가 누군가를 좋아했거나 고백을 받아 본 적도 있지만 언제나 친구 이상의 관계는 싫었다. 그냥 편한 친구사이가 좋았다. 적어도 예진이를 좋아하기 전까지는 그랬다. 그런데 예진이와 친구로 지내기로 한 이후 난 외로움을 알게 되었다. 전에는 별 생각 없었던 여자친구가 내게도 있었으면 했다. 홀로 지내는 외로움이 커질수록 더 그랬다. 그래서 또 한 번 다른 사랑에 빠져 버렸다. 하루 종일 그 애 생각 속에 빠져 살았던 기억이 있다. 그러나 이도 한 장의 추억으로 그쳤다. 주님이 날 더 기다리게 하셨다. 사명을 완수할 때까지 집필 작업에만 집중하길 원하셨던 것 같다. 그래서 난 당분간 사귐에 대한 마음을 접기도 했다.

수많은 미팅, 소개팅 건수를 거절했다. 대신 내 마음을 다져 나갔다. 더 멋진 사귐을 위한 준비, 더 좋은 사람을 만나기 위한 기다림의 시간을 보냈다.

그러면서도 아직 끝내지 못한 고민이 하나 있다. 이러다가 결혼 적령기에 단 한번의 사귐으로 결혼하게 될지도 모른다는 걱정, 사귐— 그때가 과연 언제일까 하는 것이다. 난 지금도 충분히 준비되었다 싶은데 하나님은 대체 언제 누구와의 어떤 만남을 계획하고 계신지, 하나님이 예비하신 그 사람이 나타나길 기다렸다가 단번에 결혼해야 하는 것인지 아니면 정말 이 사람이다 싶을 때까지 여러 여자를 만나봐야 하는 것인지. 솔직히 아직 잘 모르겠다. 너무 어렵다.

물론 자유의지를 주신 하나님은 우리가 누구를 만나 결혼하든지 우리의 선택을 축복하시라 믿는다. 둘 중에 딱히 어떤 것이 정답이라 단정 짓기는 무리인 것 같다. 때와 방법에 있어서는 각자 다른 하나님의 인도를 받으리라 생각한다.

하지만 내 경우에는 분명한 하나님의 간섭이 있었다. 먼저 고독의 시간을 허락하셨다. 아식은 때가 아니라고 하셨다. 그 시간을 통해 난 하나님을 더 깊이 만났다. 나 자신을 더 알게 되었고 내 주변 사람들을 사랑으로 더 품게 되었다. 또 정말 외롭다고 느낄 땐 앞으로 만날 그 사람을 상상하며 아름다운 교제를 위해 기도로 준비하게 하셨다.

그래서 난 믿고 있다. 기도한 대로 주님은 이미 내 짝을 예비하셨고 어딘가에서 나처럼 훈련시키시며 또 언젠가 만나게 하실 것을. 단 그 사람을 한 번에 만나게 될지 아니면 몇 사람을 거쳐 만나게 될지는 잘 모르겠다. 그러나 확실한 건 어떤 경로를 거쳐서든지 결국 그 예비하신 여자와 한몸을 이룰 것이라는 사실이다.

잠언서에 보면 '누가 현숙한 여인을 찾아 얻겠느냐 그 값은 진주보다 더하니라' 는 말씀이 있다. 나도 그처럼 진주보다 더 값진 일을 하고 싶다. 그래서 평생을 함께 할 동반자를 만나는 일, 그 가슴 설레는 내 인생일대의 사건을 위해 지금부터 잘 준비하려 한다.

친구들은 이런 내게 묻는다. 왜 아직까지 여자친구가 없냐고, 그동안 뭐했냐는 듯 말이다. 마치 애인 없음을 능력 부족으로 여기고 부끄러운 일이라 생각하는 것 같다. 반면 그들은 무조건 있으면 좋다는 생각에 아무나 만나 사귀기까지 한다. 끊임없는 미팅과 소개팅, 이성친구와의 사귐을 너무 쉽게만 생각한다. 그러나 신중하지 못한 만남과 이별로 서로에게 상처만 남길 뿐이다.

물론 나도 숙맥이란 소리는 듣기 싫다. 여자에 대해, 연애에 대해 아무 것도 모르는 순진하기만 한 남자가 되고 싶진 않다. 그러나 지금 이 세상의 젊은이들은 해도해도 너무한다 싶다. 동거, 동성애, 혼전 성관계, 성매매와 원조교제까지. 하나같이 다 뒤틀린 것들뿐이다. 갈수록 경험 연령은 낮아지고 음란의 수위는 높아져 가는 세상 속에서의 이런 거짓사랑은 싫다. 순간의 쾌락과 자기만족을 위한 단순한 사랑은 안하는 게 낫다. 아니 그것도 과연 사랑이라 말할 수 있는지 의심스럽다.

나는 태초에 하나님이 계획하신 사랑의 방식을 따르고 싶다. 우리에게 주신 그 소중한 선물을 받은 그대로 지켜 나가고 싶다. 인류 최초의 부부— 아담과 하와의 관계처럼 '돕는 배필' 로서의 남녀 간 교제 및 결혼을 난 기대한다. 상대방을 위한 헌신에서 출발하여 서로의 허물을 덮고 더 사랑할 수 있도록 끊임없이 배워가는 만남. 상대를 내 소유가 아닌 하나님의 형상, 하나의 인격체로서 존중하고 서로를 축복하며 하나 되는 사귐. 그 가운데 하나님이 함께 계셔 서로의 사명을 돕고 의지하여 한 곳을 향해 나아갈 수 있는 믿음의 동역 관계. 이렇게 난 지금의 세상이 따라할 수 없는 본래 하나님의 의도하신 그 사랑을 하고 싶다. 껍데기만 남은 사랑 두 글자가 아닌 속이 꽉 찬 진실한 사랑을 꿈꾼다. 이것이 사랑과 결혼관에 대한 나의 짧은 지론이고 신념이다.

그리고 우리의 믿는 젊은이들도 하나님의 뜻 안에 있는 아름다운 만남을 이루었으면 좋겠다. 또한 이를 위해 지금부터라도 배우자를 놓고 기도하며 그 만남을 잘 준비해 나갔으면 좋겠다.

 "그런즉 깨어있으라 너희는 그 날과 그 시를 알지 못하느니라"

이는 곧 미련한 처녀같이 기름을 준비하지 않고 잠들어 있는 우리들에게 지금도 촉구하시는 주님의 말씀이다. 마태복음 25장에서 미련한 처녀들은 슬기로운 처녀들과 달리 등불을 켤 기름이 없어 잔치 집 문 앞에서 쫓겨났다. 그토록 신랑을 기다려왔건만 순간의 태만으로 그만 일생에 단 한번 있는 결혼식을 놓쳐 버린 것이다.

여기서 미련한 처녀의 실수는 무엇인가. 바로 '방심'이었다. 그날을 대비한 슬기로운 처녀들같이 기름— 성령의 충만함을 구하지 않고 그저 언제 오실까 졸며 방심하고 있었다. 이러한 두 처녀의 대비는 지금 우리의 모습을 돌이켜보게 한다. 그렇다면 지금 우리는 기름을 준비하고 있는가, 아니면 졸면서 방심하고 있는가.

지금 우리는 그 어느 때보다도 영적인 긴장감을 가져야 한다. 지혜로운 처녀와 같이 늘 깨어 기름을 갖추어야 한다. 우리도 곧 신랑을 맞을 때가 가깝기 때문이다.

많은 이들이 신앙생활을 열심히 하지만 마지막 때와 예수님의 재림에 대해서는 잘 모른다. 종말에 대한 예언의 말씀에는 전혀 문외한인데다가 관심조차 별로 없는 것 같다. 특히 우리 청소년들은 더 그렇다. 피부로 느끼지 못한다고 해서 너무 막연하게만 생각한다. 어떤 이는 두렵다 하면서도 더 알려고 하지 않는다. 그러나 이것들은 모두 성경이 말하고 있는 실제이다. 또한 그 실제가 우리의 현실 속으로 전보다 더 가까이 왔다는 것을 알아야 한다!

지금 우리는 분명 마지막 시대를 살고 있다. 성경이 예언하는 마지막 날의 징조가 이미 시작되었고, 지금도 그 끝을 향해 달려가고 있다. 민족이 민족을 나라가 나라를 대적하고 도처에 기근과 지진이 일어나며 거짓 선지자가 등장하여 사람들을 미혹케 하고 또 불법이 성하고 사랑이 식어지며 천국 복음이 거의 온 세상 끝까지 전파되어 가고 있다(마태복음 24장). 덧붙여 예수님은 '이와 같이 너희도 이 모든 일을 보거든 인자가 가까이 곧 문 앞에 이른 줄 알라' 고 말씀하셨다.

급박한 이 시간, 사단의 공격도 드세어졌다. 남은 시간동안 한 영혼이라도 그리스도에게 빼앗기지 않으려고 온갖 수단과 방법을 가리지 않는다. 사단은 우리 인간들로 하여금 수많은 유혹과 시험 속에 빠지게 만든다. 그리고 더 큰 속삭임으로 양심의 소리를 눌러 버린다. 인간들은 원수의 계략에 속아 갖가지 더러운 죄악을 행한다. 하나님이 미워하시는 우상숭배, 도적, 살인, 강간 등 사랑으로 하지 않는 모든 일을 쫓는다.

그들은 종말의 경종소리를 듣고도 모른다. 그렇게 날마다 죄를 반복하고도 아무런 죄의식이 없다. 결국 그들은 사단의 의도대로 점차 하나님과 멀어져 지옥의 문으로 달려간다.

너희는 이 세대를 본받지 말고 오직 마음을 새롭게 함으로 변화를 받아 하나님의 선하시고 기뻐하시고 온전하신 뜻이 무엇인지 분별하도록 하라 ―
로마서 12장 2절

그리스도인들은 언제나 하나님의 뜻을 분별하며 살아야 한다. 성령 충만으로 깨어 있어 늘 준비태세를 갖춰야 한다. 그렇지 않고 방심하면 우리도 사단의 유혹에 넘어지고 쓰러진다. 사단 마귀들의 맹렬한 공격에 끽소리 못하고 손든 채 패배한다.

성령의 충만은 이 세상을 이길 수 있는 가장 큰 힘이다. 아무리 크고 몸집 좋은 마귀 여러 마리가 달라붙어도 성령 충만한 한 사람을 당해내지 못한다. 그 사람이 강해서가 아니라 그 안에 가득하신 우리 성령님이 대신 싸우시기 때문이다.

이에 나는 우리 청소년들이 이처럼 세상을 이기는 사람들이 되기를 기도한다. 모두 성령 충만한 크리스천들이 되기를 소망한다.

이를 위해선 먼저 '하나님을 경외하는 마음'을 갖아야 한다. 경외한다는 말은 하나님을 두려워한다는 것이다. 무서워하는 것이 아니라 나보다 높고 위대하신 그분 앞에 겸손히 엎드린다는 뜻이다.

오직 하나님만이 천지만물의 주되심과 내 삶의 왕 되심을 인정하고 받아들인다면 당신은 그분을 경외할 수밖에 없게 된다. 그리고 언제 어디서나 그분의 시선을 의식하며 살아가게 된다. 그래서 어떤 일이든지 먼저 하나님의 선하시고 기쁘시고 온전하신 그 뜻을 생각하면서 자기 양심의 소리에 귀 기울이게 되는 것이다.

내가 옆집 여자들의 방을 훔쳐보는 유혹에 빠졌던 것도 바로 위와 같은 이유였다. 그날 난 무방비상태였다. 영적으로 헤이해진 내 모습을 본 사단이 그때를 틈타 적시에 공격한 것이다. 또 반대로 내가 그 시험에서 벗어날 수 있었던 것은 기본적으로 내 안의 하나님을 의식하는 마음 때문이었다. 그래서 이를 즐기면서도 한편으로는 벗어나고 싶은 욕구, 이건 아니라고 부정하는 소리가 들렸던 것이다. 그렇게 힘든 싸움을 싸우다가 결국에는 주님을 경외하는 마음, 오직 하나님의 기쁨이 되고 싶은 열정이 사단의 속삭임을 막았다. 그리고 이에 곧 주님 앞에 죄를 회개하고 하늘의 능력을 구함으로 그 상황을 벗어날 수 있었던 것이다.

이어서 성적 유혹에 대해 더 살펴보자. 성은 기본적으로 하나님이 주신 성스러운 선물로 인간의 원초적 본능이자 쾌락의 도구로 쓰인다. 그래서 성에 대한 유혹은 사람들에게 있어 가장 큰 시험의 대상이자 약점이라 할 수 있다.

하루는 교회 아이들과 함께 성적인 죄에 대해 고백하고 회개하는 시간을 가졌는데 이때 난 이들이 생각보다 심각한 수준이란 걸 알고 놀랐다. 학교 친구들과의 이야기에서는 더 큰 충격을 받았던 건 물론이다. 과도한 스킨십, 자유로운 성관계, 불법윤락업소 출입 등. 그런데 이에 더 큰 문제는 그들은 그것이 죄인 줄 느끼지 못한다는 것이다. 들어보니 '하고 나면 찜찜하다'고 느끼는 것 뿐이다(어떤 이는 그런 느낌조차 없다). 오히려 보다 더 강한 자극을 찾고 즐긴다. 그래서 나중에는 웬만한 것에도 쉽게 반응하지 않는다.

그렇다면 불 같은 청년(청소년)의 정욕을 어떻게 다스릴 것인가. 같은 청년으로서 나 역시 이것이 쉽게 통제할 수 없는 강한 본능이라는 것을 안다. 하나님 앞에 부끄럽지 않기 위해 노력할 뿐 나 역시 그것과 싸워 이기진 못한다. 다만 애당초 싸울 환경을 만들지 않고 혹시라도 김새가 보이면 즉시 피할 뿐이다(물론 그 역시도 언제나 승리하는 것은 아니다). 그래서 정욕을 잠재우라 말하기보다 이를 사명에 대한 열정으로 승화시켜 나가라고 말하고 싶다. 물론 말처럼 쉬운 일은 아니겠지만 난 이것이 성적인 죄의 유혹에서 벗어나는 그리고 그 욕구를 자제할 수 있는 최상의 방법이 아닐까 싶다. 이어서 그 방법에 대해 잠시 살펴볼까 한다.

먼저 이는 하나님이 미워하시는 죄라는 걸 분명히 알아야겠다. 우리가 잘 아는 십계명 중 제7의 계명은 '간음하지 말라'이다. 그리고 하나님을 경외하여 그 시선을 두려워하는 마음, 오직 하나님이 기뻐하시는 일만 하겠노라 다짐하고 결단하는 의지가 필요하다. 내 몸은 하나님이 앉아계신 그분의 성전이라는 것과 그분께 드리는 거룩한 산 제물이라는 인식이 항상 머릿속에 있어야 한다. 또 나의 정욕이 오히려 하나님이 주신 사명을 감당하는 열정의 에너지로 잘 태워질 수 있도록 무시로 기도해라.

덧붙여 구체적인 규칙이나 한계선을 정해 놓는 것도 좋다. 예를 들어, 노래방, 비디오방 같은 닫힌 공간에는 절대로 이성친구와 단 둘이 들어가지 않겠다는 다짐은 매우 바람직하며 적극 권장하는 바이다. 이렇듯 자신을 과신하지 말고 모든 유혹의 상황을 애초부터 피하라. 육체적인 관계는 '하는(do)' 것이 아닌 '일어나는(happen)' 경우가 많기 때문이다. 그래도 다가오는 유혹을 뿌리치기 어렵다면 먼저 말로 선포하라. 예수님이 주신 혀의 권세를 사용하라. 하나님의 말씀으로 대적하며 물리쳐라. 크고 씩씩한 목소리로 유혹의 영이 깜짝 놀라 떠나가도록 말이다.

또한 거룩한 공간, 거룩한 사람들이 있는 곳을 찾아가 거하라. 믿을 만한 친구에게 도움을 부탁하고 이를 절제할 수 있도록 도움을 요청하라. 서로 함께 짐을 지고 협력하면 유혹의 무게는 반의반으로 줄어든다.

이어서 술과 담배 문제를 짚고 넘어가고 싶다. 하지만 이를 성경적으로 옳은지 그른지 따져서 결론 내리는 것은 피하겠다(다만 잠언 23장은 꼭 읽어보라). 나는 이것을 하고 안하고의 문제이기보다 이것이 하나님의 기쁨이 되는가 안 되는가를 묻고 싶다. 그러나 아무리 생각해봐도 정말 극단적인 예외상황 말고는 개인이 술과 담배로 하나님께 영광 돌릴 방법은 하나도 없는 것 같다.

난 지난 수학여행에서 맥주 한 캔 이후로 술을 입에 댄 적이 없다. 술자리에는 여러 번 갔지만 음료수만 마셨다. 그때 어떤 친구가 내게 말하길 '넌 술을 먹으면 마치 죽는 것처럼 생각하는 것 같다'고 했는데 이는 내가 율법적으로 '난 절대 술을 마실 수 없다'가 아니라 어떤 환경에서도 내 신념을 지키겠다는 다짐과 이것으로 사람들 앞에 모범이 되고 싶은 마음 때문이었다. 그래서 이것으로 하나님께 기쁨이 되고 영광을 올려 드리고 싶었던 것이다. 그냥 분위기 따라 한두 산 할 수도 있었겠지만 그보다 난 이에 손도 대지 않는 결단이 하나님 보시기에 더 좋을 것 같아 후자를 택했을 뿐이다. 또한 이를 지키는 것은 곧 나의 자존심 문제이며 지금도 나는 이에 대한 자부심이 있다. 담배 역시 마찬가지다. 게다가 내게 권했던 친구도 없었고 피워 보고 싶은 호기심도 없었다.

그렇기에 당신에게 말한다. 진정 하나님께 기쁨을 드리는 아름다운 사람이 되고 싶다면 나 자신의 유익과 만족보다 하나님이 원하시는 바를 알고 그에 더 민감해져라. 그리고 결단한 그 신념을 어떠한 타협에도 굴하지 말고 지켜나가라. 또 이미 들어본 말이겠지만 하나님을 사랑하면 사랑할수록 그런 것들과는 자연스레 멀어지게 되어 있다. 나중에는 하고 싶은 기본적인 욕구조차 사라지고 술과 담배에서 마구 쓴 맛이 난다.

그러나 내가 안한다고 해서 술 먹는 다른 사람을 정죄하는 것은 옳지 않다. 오히려 죄인들의 친구가 되어 주신 예수님처럼 우리도 그들을 품어야 한다. 그리고 스스로 결단하고 끊을 수 있도록 옆에서 도우며 기다려 주는 교회공동체가 되어야 할 것이다.

이제 결론은 이것이다. 지금이 마지막 시간임을 기억하고 명심하라. 사단은 지금 우는 사자와 같이 삼킬 자를 찾아다니고 있다. 그날이 가까이 올수록 악한 원수들은 더 큰 공격을 퍼부을 것이다. 깨어 있어야 한다. 슬기로운 처녀들같이 항상 성령 충만으로 준비해야만 한다. 주님이 다시 오실 그날을 예비하는 사람들이 되어야 한다. 이 세상이 악함을 알고 진리의 말씀과 하나님 나라의 가치 기준을 붙들고 살아야 한다. 하나님을 경외하는 마음으로 각자 그 사명을 따라 살아야 한다. 이렇게 하나님의 꿈과 비전을 향하여 젊은 날의 열정과 헌신을 다할 때, 우리는 사사로운 것들로 벗어나 이 마지막 시간에 하나님 손에 붙들려 멋지게 쓰임 받을 것이다.

마지막으로 이 글을 읽으면서 생각나는 자신의 죄가 있다면 즉시 회개하라. 빨래거리를 미루면 한꺼번에 세탁하기 힘들 듯 그날에 지은 죄는 그 즉시, 혹은 늦게라도 깨달은 그 시간에 바로 회개해야 한다. 아직 회개하지 못한 죄는 주님과의 통로를 가로막는 치명적인 암세포와도 같다.

심중을 살피시는 하나님은 이 순간 마음이 정결한 자를 찾고 계신다.

고난의 학교에 당신을 초대합니다

"주님, 도대체 언제까지 더 기다려야 합니까?"

이는 내가 지난 4년 간 던진 물음이다. 40년을 광야벌판에서 보낸 모세와 그의 백성들, 난 그에 십분의 일밖에 안된다지만 내게 있어 지난 4년은 40년의 모래바람을 한꺼번에 다 맞은 듯 느껴졌다. 하나님이 좀 급하셨나보다. 그래도 이 짧은 시간에 날 준비시키신 걸 보니 말이다.

내가 이렇게 고통과 인내에 대한 글을 쓴다는 것이 참 부끄럽다. 마치 철부지 꼬마가 세상의 모진시련을 다 겪은 아빠에게 방금 돌에 걸려 넘어진 아픔에 대해 설명하는 듯하다. 하지만 지금도 고통 속에서 눈물 밤을 지새울 우리 청소년들을 위해 미약하나마 고난에 대한 내 철학을 이곳에 저어 보겠다. 작은 도움이 되었으면 좋겠다.

누구나 살다보면 한두 번쯤은 고난이 닥치기 마련이다. 믿는 사람들도 예외는 아니다. 아니 잘 믿는 사람일수록 시련이 더 크다.

나 역시 그랬다. 이해할 수 없는 아픔이 많았다. 갑작스레 아빠를 데려가시는 이유를 알 수 없었다. 죽어라 공부했지만 오르지 않는 점수로 힘들었고 그 마지막 결과는 내게 좌절감이 뭔지도 알려 주었다. 외롭게 홀로 집필하는 동안 사람들에게 크고 작은 상처를 받았고 기다림 속에 지쳐 쓰러지곤 했다. 이렇게까지 해야 하나 싶을 때도 많았지만 끝까지 포기하지 않은 건 그래도 언젠가 주님이 이루어

주시겠지 하는 내 작은 믿음 때문이었다.

그러나 잘 생각해보면 다 그만한 이유가 있었다. 당시에는 몰랐지만 그 모든 것들은 나를 위한 주님의 뜻과 섭리였다. 아빠의 죽음을 통해 나를 하나님의 종으로 부르셨고 은혜 속에서 치른 장례식에서 문서선교의 비전을 주셨으며 실패한 수능 때문에 더 유익한 글을 쓰게 되었다.

그러면서 난 하나님만 바라보며 의지할 수밖에 없었다. 그 시간 동안 주님은 나보다 당신의 생각이 훨씬 더 크고 지혜롭다는 것을 알게 해 주셨고 이 모든 것들이 하나님 없이는 아무것도 아님을 깨닫게 하셨다. 이렇게 교만했던 내 자아를 깨뜨리시고는 하나님 앞에 완전히 죽어졌을 때 나를 붙들어 당신의 선한 도구로 삼아주셨다.

이 정도의 가르침이라면 한번 겪어볼 만한 고난과 시련 아닌가!

믿는 사람에게 고난은 피할 수 없는 관문이다. 주님은 오히려 사랑하는 자녀에게 아픔의 시간을 허락하신다. 뜨거운 불 속에 들어갔다 망치로 두들겨 맞은 쇠가 단단하듯 '고난과 아픔'은 우리를 흙으로 지으신 토기장이에게 쓰임 받기 위한 필수과정이다.

물론 결코 쉽지 않은 시간이다. 지난 그때로 다시 돌아가라고 하면 난 분명 고개를 절래절래 저을 것이다. 하지만 그 시간들을 부정하지는 않는다. 그 어려웠던 순간들이야말로 지금의 나를 만들어 준 가장 훌륭한 스승이므로. 지금은 그저 무사히 지나온 것에 감사하며 또 다른 고난의 시간을 준비하고 있다. 그래서 이제는 단순히 고난을 싫어하지만은 않는다. 그 속에서도 기쁠 수 있는 하나의 법칙을 찾았기 때문이다.

혹시 지금 피할 수 없는 인생의 고통 가운데 있는가. 끝날 것 같으면서도 끝이 보이지 않는 아픔의 영속선상에 놓여 있는가.

이것을 명심하라. 주님은 그 고난의 아픔 속에서도 오직 주님 한 분만으로 만족하고 기뻐할 수 있는 마음을 갖기까지, 고통이 더 이상 고통으로만 느껴지지 않을 때까지 그 고통을 더 허락하실 것이다.

내게 지금 일어난 상황을 도저히 받아들일 수 없더라도, 그 속에서 아무런 한줄기 희망을 찾을 수 없을지라도 오직 주님의 이름으로 감사하라. 오직 주님의 이름만 소리 높여 찬양하라. 불평하거나 원망하지 말아라. 그분의 선하신 뜻과 계획이 있으리라 믿어라. 그리고 주님도 우리가 그 시간을 무사히 통과하길 먼저 기다리고 계신다는 사실을 잊지 말아라.

일으켜 세워지기 위해선 반드시 넘어지고 쓰러지는 시간이 있다. 세상을 이끌어 왔던 위대한 지도자들의 삶을 살펴보면 하나같이 모두 실패의 삶을 겪었다. 그러나 모두가 실패의 경험을 성공의 열매로 바꿔왔던 사람들이다.

흔한 말이지만 이것이 정답이다. 지난 나의 삶 역시 그러했다. 실패의 아픔을 내딛어 새로운 도전을 향해 나아갔지 그 아픔 속에서 울고만 있지 않았다. 탁탁 털고 힘차게 일어나 새 길을 걸었다.

그렇다. 고난에 반응하는 당신의 태도! 시련의 크기는 문제 되지 않는다. 어떻게 그 시련을 극복하느냐가 더 중요하다. 누구에게나 시련은 찾아오기 마련이고 어느 누구도 이를 피해갈 수 없다. 이에 당신은 어떻게 대처할 생각인가. 환경을 탓하고 자신을 탓하며 그 자리에 주저앉을 것인가, 아니면 날 위한 주님의 계획인 줄 믿고 감사하며 이겨나갈 것인가.

선택은 당신에게 달려 있다!

믿는 자들은 모든 사건이 주님으로부터 온 것임을 알아야 한다. 인간의 생사화복, 자연재해, 전쟁과 테러 등. 사단이 주는 마음의 속삭임 말고는 이 모두가 하나님의 주권 아래 허락되어진 일이다.

따라서 우리에겐 주님에 대한 기본적인 신뢰가 필요하다. 어떠한 상황이 닥칠지라도 불평과 원망이 아닌 믿음의 마음이 앞서야 한다. 주님의 선하신 성품을 알기에 이 고난이 내게 닥친 이유를 생각해야지, 코앞의 아픔 때문에 하나님이 어디 있냐며 신의 존재를 부정해서는 안 된다는 뜻이다. 그래서 우리는 언제나 그리 아니하실지라도 감사하며 찬양할 준비가 되어 있어야 한다.

사건을 긍정적으로 봐라. 사람의 눈으로 보지 말고 사단의 소리에 현혹되지 말며 오직 하나님의 입장에서 상황을 해석하라. 이 모든 것들이 나중에는 합력하여 선을 이룰 것을 믿으며, 그 훈련의 시간들을 기회로 삼아 하나님께로 더 가까이 나아가라.

그러나 여기서 잠시, 불필요한 고통과 아픔에 대해 언급하고 싶다. 우리는 크게 두 가지 방법으로 고통을 느낀다. 하나님의 섭리에 따른 환경의 시련과 사단이 가져다주는 마음의 공격이 그것이다. 전자는 피할 수 없는 하나님의 다루심이지만 후자는 쓸데없는 장난질일 뿐이다. 그렇지만 후자 역시 우리에게 큰 상처를 가져다주며 또 이를 우리가 분별하여 '영적전쟁'을 치른다는 것도 사실 그리 쉬운 일은 아니다.

　나도 이런 전쟁을 수없이 치러왔고 지금도 진행 중이다. 특별히 난 사람들이 날 어떻게 생각할까를 많이 두려워했다. 오직 하나님만 두려워해야 함이 마땅한데도 사단은 툭하면 내게 사람들 앞에서 열등의식을 주어 괜히 주눅 들고 의기소침하게 했다. 또 이를 본 사단은 자꾸만 같은 곳을 공격했고 그래서 어느새 난 정말 내가 못난 사람이라고 속게 되었다. 그러나 곧 주님이 깨닫게 하시는 바로, 내가 진짜 힘들었던 이유는 내 존재가 정말 못나서가 아니라 '난 부족한 사람이다' 라는 사단이 주는 부정적인 생각 때문이었다.

　이처럼 사단은 우리에게 쓸데없는 걱정과 고민을 던져준다. 패배 의식, 시기질투, 자기연민, 분노와 좌절 등 이렇게 사단은 우리의 마음이 '사랑' 이 아닌 다른 것들로 가득 들끓기를 바란다. 그래서 결국엔 더 혼란하고 복잡하게 하여 하나님의 마음을 분별치 못하게 한다.

　이들 처음부터 분별하기란 쉽지 않을 것이다. 그러나 이것들은 모두 진리의 말씀, 하나님의 성품과 잘 부합하는지만 살피면 확실히 알아낼 수 있다. 성령의 조명 아래 이것이 만약 원수의 거짓임을 알아차린다면 우리는 즉각 물리쳐야 한다. 예를 들어 우리가 새롭게 무언가를 도전하고자 할 때, '내가 과연 할 수 있을까?(아니 못할 것 같아)', '만약 실패하면 어떡하지?(그러니깐 아예 시작하지 말아)' 하는 부정적인 생각이 들 수 있다. 그러나 하나님은 절대 우리에게 이런 낙심과 좌절의 마음을 주시는 분이 아니다. 시작하기도 전에 포기하게 만들려는, 이와 같은 사단의 계략을 우리는 이제 한번에 눈치 챌 수 있어야 한다. 그리하여 쓸데없는 고민으로 시간을 낭비해서는 안 된다. 때가 악하니 시간을 아끼자.

또 한 가지, 보통 우리는 상처받은 마음을 하나님보다 주변 사람들에게 더 먼저 털어놓고 위로받으려 하는데 자칫하면 이는 더 큰 상처만 남길 뿐이다. 욥이 고통 중에 있을 때 그의 세 친구들은 진심으로 위로하기는커녕 욥을 정죄하면서 아픔만 더 가중시켰다. 이처럼 사람들의 위로는 완전하지 못하다. 오히려 더 큰 절망을 가져다주기도 한다.

특히 사람들은 꿈꾸는 자의 사명을 잘 이해하지 못한다. 그래서 작은 생각들을 가지고 큰 생각을 판단하려 든다. 하지만 이에 상처를 받으면 안 된다. 주변 사람들의 말은 진리가 아닌 참고의 말뿐이다(어떤 말은 안 듣는 것이 더 좋다). 우리는 무엇보다 진리의 말씀을 들어야 한다. 사람들의 말보다 하나님의 말씀하심에 귀를 쫑긋 세워야 한다.

이렇게 하나님의 음성을 듣고 그 말씀대로 따르는 삶. 한 치의 오차도 없이 정확 무결한 인도하심을 받는 인생. 물론 쉽지는 않지만 이만큼 스릴 있고 흥미로운 일도 없는 것 같다.

하나님의 음성 듣기, 이는 내가 지금 도전하는 가장 큰 모험이다.

약속의 음성을 들은 지 약 5년 만에 '고난의 학교' 중 한 코스를 통과한다. 마음이 한결 후련하다. 그러나 분명 더 험난한 코스가 이어질 것이다. 내가 지금까지 살아온 날보다 앞으로 살아갈 날이 더 많을 테니(그러나 예수님이 곧 오신다면 더 적을지도 모르는 일). 정말 더 큰 고난이 있었으면 좋겠다. 고통당하는 사람들의 심정을 알고 느끼고 위로해주고 싶다. 그런 시간들을 통해 내가 더 온전해질 수 있었으면 좋겠다. 특히 내가 겪어보지 못했던 부분에서의 고난을 기다린다. 비천에도 처할 줄 알고 풍부에도 처할 줄 알아 일체의 도를 깨달았다는 바울처럼 나 역시 모든 상황에 한 번씩 처해보고 싶다.

당신에게도 이 학교를 소개하고 싶다. 비록 졸업하기는 쉽지 않지만 또 그만큼 포기하고픈 순간들도 많겠지만 끝까지 믿음을 저버리지 않는다면 최후의 승리는 당신의 것이 될 것이다. 나의 이야기와 성경의 수많은 인물들의 삶은 그것을 증명한다. 사실 난 내가 이런 내용의 책을 써낼지 정말 몰랐다. 나의 아픔과 시련이 이렇게 다 좋은 것들로 되돌아올 줄 상상도 못했다. 그렇기에 이제는 또 다른 고난의 코스를 준비한다.

혹시 지금 당신도 이해할 수 없는 고난 가운데 있다면— 환영한다! 당신은 이미 고난의 학교에 입학한 것이다. 이 학교는 하나님의 쓰임을 받을 사람들에게 디 없이 귀한 최고의 선물이다. 먼저 하나님께 감사드리고 찬양하라. 그리고 이제 머지않아 다가올 졸업식과 축복의 상장을 기대하며 기다려라.

나는 당신이 이 믿음의 모험을 다 완주하리라 믿는다.

젊은이여, 하나님의 꿈과 비전에 붙들려라

지금까지 내 꿈은 책 출간이었다. 당신은 내가 어떻게 이 꿈을 갖게 되었고 어떤 어려움 속에서 어떠한 노력으로 여기까지 왔는지 모두 알고 있다. 그리고 이 순간 그 꿈의 완성작을 보고 만지고 있다.

그러나 최종원고가 내 손을 떠나는 그 즉시 새로운 꿈이 탄생한다. 아니 사실 처음부터 내 꿈은 단순히 책 출간이 아닌 문서선교로서 이 책이 하나님의 쓰임을 받는 것이었다. 즉, 이제부터 시작이란 말이다.

나에겐 이보다 더 큰 꿈이 있다. 바로 이 시대의 젊은이들이 깨어 일어나 함께 놀라운 부흥을 맛보는 것, 또 주님 오시는 그날까지 '백 투 예루살렘' — 이스라엘의 회복과 세계선교라는 사명을 이루는 것! 이것이 내 삶의 목적이요 내가 사는 이유다.

나는 꿈꾸는 사람이다. 그래서 다른 이의 꿈에도 관심이 많다. 물어보면, 아직도 많은 청소년들이 꿈이 없다. 어떤 이는 생각해 본 적도 없다며 우선은 좋은 대학에나 갔으면 좋겠단다. 그리고 좋은 직장 갖고 돈 벌어 시집장가 잘 가면 그만이란다. 가슴이 콱 막혀온다. 고작 꿈이 이 정도밖에 안 되는가. 아니 이것도 과연 꿈이라 할 수 있단 말인가!

꿈이 없으니 열정도 없다. 비전이 없으니 전진도 없다. 그냥 학교에서 시키는 대로만 할뿐이다. 이래서는 안 된다. 다른 사람은 몰라도 마지막 세대에 사는 우리들은 달라야 한다. 더 넓은 시야를 갖고, 이 세상을 주관하시는 하나님을 바라보아야 한다. 그리고 원대한 하나님의 꿈을 가져야 한다. 하나님이 보여 주시는 비전으로 다가올 미래를 준비해야 한다. 젊은 우리 인생들이 모여 온 인류의 마지막 역사를 완성할 것이기 때문이다.

만약 당신이 어느덧 50세가 되어 갑작스런 사고로 하나님의 심판대 앞에 섰다고 하자. 당신은 세상에 있을 때 성공한 사업가였고 행복한 가정을 이룬 멋진 아버지였다. 하고 싶은 일을 다 했고 얻고 싶은 것을 다 얻었다. 바쁜 와중에도 교회 봉사를 쉬지 않았고 자신의 모든 삶을 통해 하나님께 영광 돌렸다고 생각했다.

그러나 하나님이 말씀하시기를, "사실 나는 너와 다른 계획을 가지고 있었단다. 비록 지금처럼 물질적으로 풍족한 삶은 아니겠지만 나는 네가 아프리카 선교사로 헌신하여 복된 하늘의 일꾼이 되었으면 싶었다. 그래서 너를 통해 죽어가는 많은 영혼들을 거두길 소원했단다. 나는 네가 내 뜻을 구하고 그 꿈을 함께 나누길 원했는데, 넌 내가 불러도 대답치 않고 네가 하고 싶은 대로만 살더구나"라고 하신다.

이 얼마나 허탈한 인생인가. 평생 자기 뜻대로 살았는데 죽고 나서야 날 위한 하나님의 뜻과 계획을 듣다니! 이로써 당신은 많은 영혼들을 구할 수 있었던 기회와 천국에서의 엄청난 상금을 놓쳐 버리고 만 것이다.

이처럼 많은 이들이 착각하는 것 중의 하나가 '비전'이다. 비전이란 하나님이 보여주시는 그림 같은 것이다. 자신이 원해서 만들어

낸 환상이 아니다. 그런데 사람들은 계획은 내가 세우고 하나님이 이대로 이끄시길 기도한다. 내 뜻 안에 하나님의 뜻을 끼워 맞추는 식이다.

그러나 진정한 꿈과 비전은 그렇게 찾는 것이 아니다. 자신이 원하는 일이 아닌 주님이 나를 통해 하시고자 하는 그 일이 바로 진짜 꿈이요, 비전이다. 그렇기에 먼저 하나님의 뜻을 구해야 한다. 기도하지 않으면 자신이 지금 어디에 있는지 이제 어디로 나아가야 할지 모른다. 빠른 것만 추구하다 바른 방향은 놓친다. 그러나 중요한 것은 속도보다 하나님이 이끄시는 방향이다.

하나님은 모든 사람을 향한 계획을 갖고 계신다. 그 계획은 각 사람의 재능과 성품 그리고 그릇에 따라 다르며, 주님은 어느 길이 그 사람에게 가장 적합한지를 아신다. 그래서 기도하는 자에게 그 비전을 보여 주시며 또 이를 위해 미리 준비시키신다.

우리가 기도할 때 하나님은 우리의 시야를 크게 확대시키신다. 가정과 학교라는 울타리를 벗어나 전 세계의 흐름을 아우를 수 있는 안목과 미래의 시간과 세상을 내다보는 통찰을 주신다. 그리고 감추어졌던 영적인 세계의 실체를 깨닫게 하신다. 또한 나도 몰랐던 관심과 재능을 발견하게 하시고는 이 땅에서 내가 해야 할 사명을 가르쳐 주신다.

그렇다. 기도하는 일이 꿈과 비전을 찾는 지름길이다. 내가 하고 싶은 것보다 나를 통해 하나님이 이루고자 하시는 일을 묻는 것이 더 빠르고 정확한 길이다. 나 역시 그랬다. 어렸을 때부터 많은 꿈을 찾아 헤맸지만 모두가 내가 원하던 꿈이었지 주님이 원하시던 것들은 아니었다.

그러나 내가 무릎 꿇고 엎드렸을 때 주님은 내게 앞으로의 일들을 보여 주셨다. 이를 하지 않으면 안 될 것 같은 뜨거운 마음도 주셨다. 또 그에 필요한 힘과 지혜까지 부어 주셨다.

이 책이 그러하다. 나는 생각지도 못했던 일이었다. 그러나 주님은 내게 책 쓰는 비전을 보여 주셨고 실제로 난 글을 쓰면서 이 일에 큰 흥미를 느꼈다. 그래서 앞으로도 난 집필활동을 계속하여 문서선교의 비전을 확장시켜 나갈 생각이다.

이렇듯 우리는 그분의 뜻에 민감해야 한다. 나를 위해 계획해 두신 꿈과 비전을 위해 기도해야 한다. 그 사명에 붙들려 목숨 걸고 달려가는 자들이 되어야 한다.

그러나 자칫하면 큰 함정에 빠질 수 있다. 꿈이 우상이 되는 것, 하나님보다 꿈이 너 소중해지는 것, 하나님이 아니라 꿈을 예배하고 비전을 묵상하며 그 안에 욕심을 집어넣어 본래의 목적을 변질시키는 것. 이것이 바로 꿈꾸는 자에게 주어질 가장 큰 유혹이다.

나도 한때 그랬다. 책으로 얻게 될 내 영광을 생각하면서 즐거워했다. 하나님의 꿈인데도 내가 염려하고 걱정하며 다 내려놓지 못했다. 성공에 대한 야망으로 나의 생각과 계획이 하나님의 뜻보다 앞섰다. 결국 교만해진 난 주님의 능력이 아닌 내 힘을 의지했다.

그때 주님은 한없이 나를 낮추셨다. 그리고 내 욕심과 야망을 버리라고 하셨다. 꿈에 대한 동기와 이유가 다시 깨끗해지길 원하셨다. 꿈은 더 키우되 마음은 더 낮아지라고 말씀하셨다. 모든 것을 맡기고 겸손히 오직 하나님께 영광 돌릴 그날을 위해 기도하라고 하셨다. 그리고 이렇게 내가 이 모든 것에 철저히 순종하며 엎드릴 때까지 기다리셨다.

꿈보다 더 중요한 것은 꿈을 주신 하나님이시다. 따라서 우리의 목적은 '꿈의 성취'가 아니라 '하나님께 순종'이 되어야 한다. 당신의 꿈이 하나님께 받은 꿈이라면 당신은 하나님 앞에 모든 것을 내려놓을 수 있어야 한다. 또 하나님이 그 꿈을 거둬 가시겠다고 말씀하시면 완전히 포기할 수도 있어야 한다. 꿈을 이루어 가는 과정에 있어서 무엇보다 중요한 것은 꿈의 마스터플랜이 아니라 하나님을 향한 무조건적인 순종이다.

하나님만이 삶의 진정한 목적이 되신다. 또 우리의 꿈이자 삶의 이유시며 최고의 소망이시다. 그래서 그분을 예배하는 것이 우리의 모든 것이 되어야 하고, 주님을 더 알아가는 것이 영원한 소망이 되어야 하며, 예수님을 닮아가는 것이 우리 삶의 최고의 도전이 되어야 한다.

그렇기에 사실 인생의 청사진은 중요하지 않다. 한 달 후, 1년 후, 10년 후 아니 더 나아가 30년 후, 우리 자신과 이 세상이 어떻게 변할는지는 아무도 모른다. 오직 하나님만이 아신다. 따라서 완벽한 미래의 그림은 사실상 필요가 없다. 우리에게 정말 중요한 건 오직 날마다 그분의 음성을 듣고 따르는 오늘 하루의 삶이다. 그래서 결국 순간의 순종이 오늘의 승리를, 하루 이틀의 승리가 언젠가 하나님의 꿈을 이루고 만다.

따라서 우리의 삶은 성취나 성공이 아닌 순종의 삶이 되어야 한다. 하나님이신 예수님이 사람으로까지 낮아지신 순종— 우리도 평생토록 그 순종의 모습을 배워야 한다. 날마다 순종의 제사를 드려야 한다.

우리가 하나님의 꿈을 품으면 주님은 반드시 그 꿈을 이루실 것이다. 당신이 그 꿈을 포기하지만 않는다면 말이다. 하나님의 약속을 붙들고 끝까지 인내로 기다려라. 시작이 있으면 마침도 있는 법, 당신에게 꿈을 주신 그분은 처음과 끝을 주관하시며 이 모든 것을 책임져 주실 것이다.

다음의 슬로건은 지금도 내 마음판에 걸려 있는 말씀이다.

"하나님의 꿈은 하나님의 때에 하나님의 방법으로 하나님이 친히 이루실 것이다."

곧 다가올 세계 대 부흥을 준비하라

기도의 골방에서 세계를 경영한다는 말이 있다. 무릎 꿇는 한 사람을 통하여 하나님이 이 땅의 역사를 만들어 가신다는 뜻이다. 이 얼마나 복되고 영광스러운 일인가. 나를 통하여 이 세상의 지도와 역사가 바뀌어진다는 것이. 이렇듯 인류를 향한 하나님의 크신 사업에 동참하는 이 거래는 분명 다른 어떤 일보다도 더 스릴 있고 짜릿한 일임에 틀림없다.

기도의 무릎은 먼저 나 자신을 바로 알게 한다. 온전치 못한 내 모습이지만 주님이 보실 때 우리는 더없이 사랑스러운 아들 딸들이다. 그리고 인자하신 미소로 손 벌려 반기시는 우리 하나님 아버지께로 나아가 그 따뜻한 품에 안기게 한다.

하나님과 더 깊은 관계로 나아갈수록 우리는 그의 생각에도 깊은 관심이 생긴다. 그래서 주님의 마음과 성품, 나를 향하신 뜻과 온 세계 열방 가운데 품으신 계획까지도 알게 된다. 이렇게 하나님은 당신 자신을 우리에게 더 나타나 보이길 원하신다. 그 얼굴을 구하는 자들에게 찾아가 더 많은 것들을 우리와 함께 나누길 기대하신다.

그러나 많은 젊은이들의 관심은 다른 데 있다. 기다리시는 하나님을 외면하고 이 세상의 것에 더 마음을 둔다. 이에 바람 맞는 주님은 오늘도 쓸쓸한 미소를 지으신다. 내일은 나오겠지, 잠깐이라도 날 만나주겠지 — 돌아서지도 않고 여전히 우리를 빛나는 눈망울로 바라보신다.

자, 이제 나와 같이 나아가자.

기다리시는 그분을 향해 잠시 엎드려 보자.

그리고 가만히 숨죽여 보자.

흐느낌이 들리는가. 떨어지는 눈물이 보이는가.

인간들이 자신들의 창조자를 배신하고 그 내민 손길마저 거부했던 아픔이 느껴지는가. 서로를 미워하고 다투며 온갖 죄악을 일삼는 사람들, 수없는 경고에도 깨닫지 못하는 무지한 저들을 바라보면서, 그럼에도 여전히 우리를 사랑하시기에 오랫동안 더 참으셔야 했던 그분의 마음이 전달되는가.

예수님이 지금 울고 계시다. 우리 때문에, 바로 우리 때문에 죽으셔야 했던 그분이 또 한번 우리 때문에 큰 고통을 당하신다. 살과 피를 쏟아 주었건만 내 사랑하는 자녀들은 아버지의 마음을 외면하는구나ー 슬피 눈물짓고 계시다.

뜻밖의 모습인가? 수님은 항상 온화한 미소만 지으시리라 생각했는가? 그분이 슬퍼하고 계신다는 말에 조금 당황스러웠을지 모른다. 하지만 이 역시도 우리 주님의 모습이다. 이렇게 우리가 그분을 더 알아갈수록 우리는 그분의 깊은 아픔까지도 보게 된다.

나도 주님과 같이 울었다. 그 찢어지는 아픔에 동참했다. 저 죽어가는 영혼들, 썩어져가는 이 땅을 보면서 하나님의 마음을 느꼈다. 그러자 말없는 탄식과 몸부림이 이어졌다. 가만히 두 손을 들고ー '이제 막아섭니다. 이 땅에 충만한 죄의 수위가 더 이상 넘쳐나지 않도록 제가 이 온몸으로 막아내겠습니다' 라는 진중한 고백을 올려드렸다.

묻는다. 지금 여기 누가 더 있는가. 손들고 막아설 사람! 이 땅의 죄악들을 대신해 하나님 앞에 용서를 구할 사람, 하나님의 마음으로 옷을 찢으며 부르짖을 사람. 지금 이들이 필요하다. 어느 때보다도 더 많이 나타나야 한다. 정의로우신 우리 하나님은 불의를 심판하시기 위해 이 땅에 쏟을 불 대접을 준비하고 계신다. 전 세계 가운데 더 많은 중보자들이 일어나야 한다. 겸손히 엎드려 우리의 죄를 회개하고 하늘의 자비를 구해야 한다. 주여 이 땅을 용서하소서— 울부짖어야 한다.

> 내 이름으로 일컫는 내 백성이 그 악한 길에서 떠나 스스로 겸비하고 기도하여 내 얼굴을 구하면 내가 하늘에서 듣고 그 죄를 사하고 그 땅을 고칠지라 —역대하 7장 14절

나는 이것을 믿는다.
이 시간 우리 모두가 겸손히 우리 죄를 회개하고 나아가면
하나님은 이 시대에 다시 한 번 놀라운 부흥을 허락하실 것이다.
청소년들과 청년들, 이 시대의 마지막 세대들이
깨어 일어나 타오르는 성령의 임재를 보게 될 것이다.
하나 됨의 물결 속에 영적 각성의 소리들이 울려 퍼질 것이다.
전에는 보지 못한 전 세계적인 부흥이 온 지구를 뒤덮을 것이다.

천지만물의 주관자 우리 주 하나님은
이 책을 손에 든 당신을—
Nation Changer, 온 세계 열방을 바꾸는 사람으로
History Maker, 새 역사를 창조하는 사람으로

그리고

'하나님 손에 붙들린 Servant' 로 부르신다.

무릎 꿇어라. 엎드려 기도하라.

그리고 그 말씀을 들어라.

그 꿈과 비전을 받아라.

그대로 순종하라.

주님이 나와 같이 각 한 사람 한 사람을 일으켜 세우실 것이다.

그리고 이들을 통하여 '주님 다시 오실 날' 을 예비케 하실 것이다.

타오르는가. 하나님의 도전이 가슴을 뜨겁게 하는가. 주님을 더 알고자 하는 마음과 그분께 쓰임 받고자 하는 열정이 새롭게 피어나는가.

그렇다면 이제 시작이다. 하나님은 당신에게 이 마지막 때의 꿈을 주시고 너를 통해 내가 이루겠다 말씀하실 것이다. 어떠한 열악한 상황과 환경 속에 있더라도 상관없다. 당신 안에 겨자씨 같은 믿음 한 알이 있다면 그 작은 믿음으로 "네" 하고 응답하기만 하면 된다.

이제 당신의 차례이다. 어떻게 할 것인가?

지금, 하나님이 당신을 부르고 계신다!

하나님의 꿈은 반드시 이루어진다

갑자기 마음이 다급해졌다. 더 끌다가는 미쳐버릴 것만 같았다. 콱 막힌 내 마음을 시원케 하는 것, 그 유일한 방법은 이제 컴퓨터 속의 내 원고를 직접 손으로 만지는 것이었다.

2004년 3월 초, 갑작스레 원고를 여러 권 제본했다. 그리고 사람들에게 보여줬다. 완전히 발가벗겨졌다. 냉철한 판단, 혹독한 비평―사람들은 내 알몸을 조롱하며 마구 때렸다. 아팠다. 정말 많이 아팠다. 난 옷을 찾아 두리번거렸으나 내 곁에는 다 찢겨져 버린 남루한 헌 옷밖에 없었다. 그러나 이는 바로 '겸손의 옷'이었다.

겸손의 옷을 걸치자 초라한 내 실체가 보이기 시작했다. 교만이 뿜어낸 광채 속에 가려져 있던 진짜 내 모습과 책이라는 환상 속에 빠져 살았던 지난 내 삶이 보였다. 모두 부풀려진 껍데기였다. 그 안에 진실한 알곡은 없었다. 정말 부끄러웠다. 그래서 이제는 내 의지로 엎드린 것이 아닌, 크신 그분 앞에 저절로 엎드려질 수밖에 없었다.

"주님, 나는 정말 자격 없는 사람입니다. 내가 잘난 게 뭐가 있다고… 어떻게 감히 책을 낼 수 있습니까? 나는 할 수 없습니다. 지금까지 온 것도 오로지 주님의 은혜입니다. 주님이 꿈을 주셨기에… 오직 주님 당신만이 이 꿈을 이루실 수 있으십니다."

이제는 껍데기를 다 벗기로 했다. 지금 내 자리— 평범한 대학생 본연의 모습으로 돌아갔다. 그리고 현재 내가 해야 할 것들을 찾았다. 책 출판이라는 비전은 잠시 내려놓고, 아니 주님께 모두 맡겨드린 채로 난 겸손히 다시 대학생활을 시작했다.

그러면서 잊고 있었던 주님과의 약속을 기억해 냈다. 고3시절 공부하면서, 또 대학에 처음 와서 기도했던 캠퍼스 복음화와 부흥의 역사! 사실 책은 이를 위한 일이었는데 어느 순간 수단이 목적이 되었던 것이다. 그러나 이제는 그 약속을 이루어가겠으니 다시 한 번 나를 사용해 달라고 기도했다. 그러면서 짬짬이 원고를 수정해서 몇몇 출판사에 보냈다. 그때 내 심정은 정말 이러했다.

"베스트셀러는 기대도 안합니다. 아니 못합니다. 그저 단 한 사람이라도 이 책을 통해 도전받고 그 인생이 변화된다면 그것으로 전 만족합니다. 이 책을 통해 주님은 이미 영광을 받으셨습니다. 이제 당신께 앞으로의 모든 일들을 맡겨드립니다."

정말 평안했다. 몇 년 동안 내 안에 있던 알 수 없는 긴장, 불안, 초조… 다 사라져버렸다. 네 짐은 무겁고 주님의 짐은 가볍다는 그 말씀처럼 또 다시 짐을 내려놓으니 난 정말 하늘을 날 것 같았다.

하지만 그러면서도 난 더 기다려야 된다고 생각했다. 주님 보시기에 아직은 내 모습이 부족하다 싶었다. 겸손의 모습으로 하루 이틀 더 살다보면 그저 언젠가는… 이루시겠지… 믿었다. 하지만 자비하신 우리 주님은 우리가 조금만 그 마음을 돌이키기만 해도 당신의 한량없는 사랑과 은혜를 부어주시는 분인가 보다.

기도한지 일주일도 지나지 않아 지난 4년간의 기도가 응답되었다. 할렐루야! 그때부터는 주님이 직접 일하시기 시작했는데 역시나 내 생각과는 다른 길 — 보다 크고 높고 넓은 길을 여셨다.

2004년 9월, 전혀 예상치 못한 주님의 방법으로 출판 계획과 일정이 확정되었다. 언제 나오나 싶었던 책 출간의 꿈이 정말 한 순간에 주님의 손 끝자락에서 터져 나온 것이다. 정말 하나님이 주신 꿈은 그 모든 것이 당신의 뜻대로 이루어지며 오직 그분만 찬양받기 합당하시다는 것을 다시 한 번 깨닫게 된 순간이었다.

그렇기에 난 더욱 겸손히 하나님의 비전 앞에 무릎 꿇는다. 내 꿈은 버리고 오직 그분의 꿈만 바라본다. 아, 이제 주님은 또 어떤 일들을 어떻게 이루어가실까. 주님의 그 뜻과 계획을 난 정말 기대한다.

나는 이제 진정 하나님을 꿈을 꾼다.
약 2000년 전 예수님이 품었던 인류 구원의 꿈.
또한 그 꿈을 지금 이 땅의 청소년들과 함께 이루어가는 꿈.

꿈을 꾸리라 십대에 꿈을 꾸리라.
주님이 소망한 인류 구원의 꿈을 이뤄 가리라.
온 세상에 주의 빛을 발하리라.
함께 하실 주의 능력 믿으며 내가 능히 이뤄 내리라.

—청소년교회 1집 앨범 中 "꿈을 꾸리라"에서

나는 이미 이긴 싸움을 향해 돌진한다.
이는 그분의 꿈이며 결국은 그가 친히 이루실 것을 알기에.

마지막으로 이 원대한 하나님의 꿈과 비전 앞에
망설이는 이 땅의 젊은이들을 향해 외친다.
지난 약 4년 동안 내가 깨달은 한 가지—

하나님의 꿈은 반드시 이루어진다!

끝으로, 보잘 것 없는 원고를 한 권의 아름다운 책으로 만들어주신 김승태 사장님과 예영의 모든 가족분들께 그리고 이 책이 나오기까지 많은 관심과 기도로 응원해 주신 모든 분들께 따뜻한 감사의 마음을 전합니다.